洗牌年代

金宇澄 著

文匯出版社

目　录

马语 ……001

绿细节 ……013

穿过西窗的南风 ……022

我们并不知道 ……029

此河旧影 ……038

琴心 ……049

上海人困觉 ……061

看澡 ……074

多米诺1969 ……080

锁琳琅 ……090

二十五发连射 ……104

狗权零碎 ……114

在愉快与期待中 ……124

合欢 ……138

上下肢 ……145

现实猫 ……155

洗牌年代 ……165

嚎叫 ……177

上海水晶鞋 ……186
雪泥银灯 ……194
新酒 ……206
杂记 ……212
手工随风远去 ……227
灯火平生 ……241
春 ……251

插图与回忆 ……256
年终的话 ……280
跋 ……289

马　语

世上没别的动物，有马那样高大而温良。

——这话不记得是谁说的。

1950年代遥远的上海淮海路，还有马匹的活动——有人领它们卖马奶，现买现挤，清早有轨电车开过，四周一片静寂，吊有铃铛的马儿，叮叮当当，代替走街穿弄的吆喝。

以后，笔者在遥远的黑河充当三年马夫，每夜静听它们不倦地嚼草。这种四脚动物都是夜神仙，双目同狼眼那样发绿，在槽旁闪耀，整夜需要进食，啃槽板，与邻不睦，便溏，排尿的动静，如大号龙头放水。可怜马夫每夜数遍起身添草，空气臊浊不堪，只嗅到一点豆秸、三菱草那种切碎了的，秋天野花的气味。

牛可以喝泥汤，必须吃洁净的草料。马则反之，饮水必须干净，进食马虎，因此过去对马皁的检查很严，也听说有人故意把铁钉、钢针撒在草料里的事。

难以理解马的睡眠，它一生就这样日夜站立，没有完整的睡时，一闭眼算一觉。把它拴在邮局门口或者一棵白桦上，有时它低下头，闭上眼睛，下唇逐渐垂耷，这是它深度睡眠的标志。

也有时，能看出马在这样的短寐中想事，以至下身逐渐夸张，逐渐自信而坚定，显现出造化的神奇。有一位上海小女生因此问马夫，马腿之间小腿样子的东西，是什么？马夫挠挠头皮，君子般回答说：恐怕就是小腿，它有第五个腿。这个说头固然可以，但搅乱了对方本就有限的自然常识。

没有想到的是，如此纯真的学生妹，以后担任了惊讶的工作，被培养为当时重要的马医生和配种能手，检查母马内部，可以拨开马尾，整条玉臂伸到里面作深度探索，或者把死胎系到电线杆上，牵住母马无畏往外拉。

在马的发情期，对面两名娇小的江南女孩，带一匹顿河种马过来，进入这个特殊环境，此物活像一座大型妖魔，野蛮贪婪，上唇外翻，蹄大如斗，长鬣飘飘，状如喷火的巨型鼻孔，不时呷辨空中的雌性信息，立身雄浑伟岸，跨步地动山摇，使等待临幸、恭逢如次的二十来匹湿尾巴母马，立刻矮化了许多。

自然界的阴阳两相对应，常会产生惊心动魄的场面，马夫当年曾在一本破旧的《拉斐尔传》里，看到了文艺复兴时期的豪华版——位于佛罗伦萨的王公命妇，聚众狂欢，美酒当前，鬓影衣香，步步生金莲。作为美第奇家族的华堂，上流社会在大镜宫开派对的核心压场秀，是两名身着绫罗的仆人，牵出公、母数对纯阿拉伯白马，使它们于广大男女佳宾面前自然交合（通常每对占时十至十五分钟），在顶棚及四壁水晶巨镜的辉映下，主客方通过多种角度，观赏生命的热烈仪式，想一想这样的画面，多么醒目和生动，很多年之后也就注意到《赛魅丽》了，18世纪亨德尔歌剧，讲希腊神明，讲了神情与人情，可作为表演，一旦脱胎了自然，往往会尴尬夸张，现代舞台之上，赫然出现了双人装扮的一匹高头白马，后腿不高，鬃毛纷乱，摇摆四顾，下腹忽然伸出巨大阳器，面对观众，高举高落，左右乱晃，比较不堪。

而当年这些小女生所从事的，是一种乖张的繁殖工作，以孤独巨型的公马，对应一群纤足丰臀小母马，与其说是较为困难的科技攻关题目，不如说是人类一贯作弄动物的阴毒圈套——选出某一个小母马来，置身于一结实木架之内，它嗅得近身的雄马气味，立刻就亮出了迷马（"迷人"）的姿态，实际上，它只是封闭在公马胯前的一种性引诱，俗名"马媒子"。在本土传统民间，捕捉雄鸟，有经过训练的"鸟媒子"，捕雄鱼，有"鱼媒"，都是放出一种性感美丽的雌性担当，明眸善睐，娟好绝世，"引郎上墙我抽梯"，请君入瓮；春意盎然，春风荡漾，面对闭月羞花之貌，公马不知就里，雄心大悦，即刻举身奋进，忽剌剌玉山之将倾，啸然裹胁住母马——其实它只趴在一座没有体温的木架之上；此刻，女工作人员们火速潜入到木架子下面，用专门的假性器，状似小口径野战炮管，准确套住马阳，此器联带一个橡皮压力球，血压计的原理，频率增加皮球的握力，裹之颤之，协助马身的运作，五分钟左右，公马渐渐耐持不住，终于溃决了，一腔精华，悉数收于假性器终端的小保温瓶里，生命的仪式，就这样草草落下了帷幔，公马离开了这个变态机关，牵领回厩中，享用一桶混合二十枚鸡蛋，一瓶椴树蜂蜜，三斤黑豆粉加干草的美食，而那匹被引诱、被侮辱损害、毫无快意的失意母马，排回母马群里，等待它们的，是宁静冰凉的集体人工授精，以及漫长的坐胎产子岁月，它们本年度极为短暂的发情期，就这样没有温度地结束了。

　　草原上的乌云，永远追逐白云，马驹永远紧跟母马，关于后者，你时常感喟人类的无情，如果母亲被役使九十里，马驹便跟随九十里，一路它不时撒欢，追逐小鸟和蝴蝶，离开母亲玩出很远很远，然后箭一样回来跟随着车队。雪暴寒天，马驹已能从僵硬复杂的挽索中，熟练寻觅到母亲的乳头，母子披挂白霜，如冻凝成一块。在无月之夜，马驹之眼和母亲的双目一样放射出绿光，特别明亮温和，它同样能跟住车队跑得飞快。

　　正因有这样的优秀视力，马眼容易损伤变瞎，这是它和其它动物不同的地方，如果鞭伤，情绪波动、内分泌失调，或

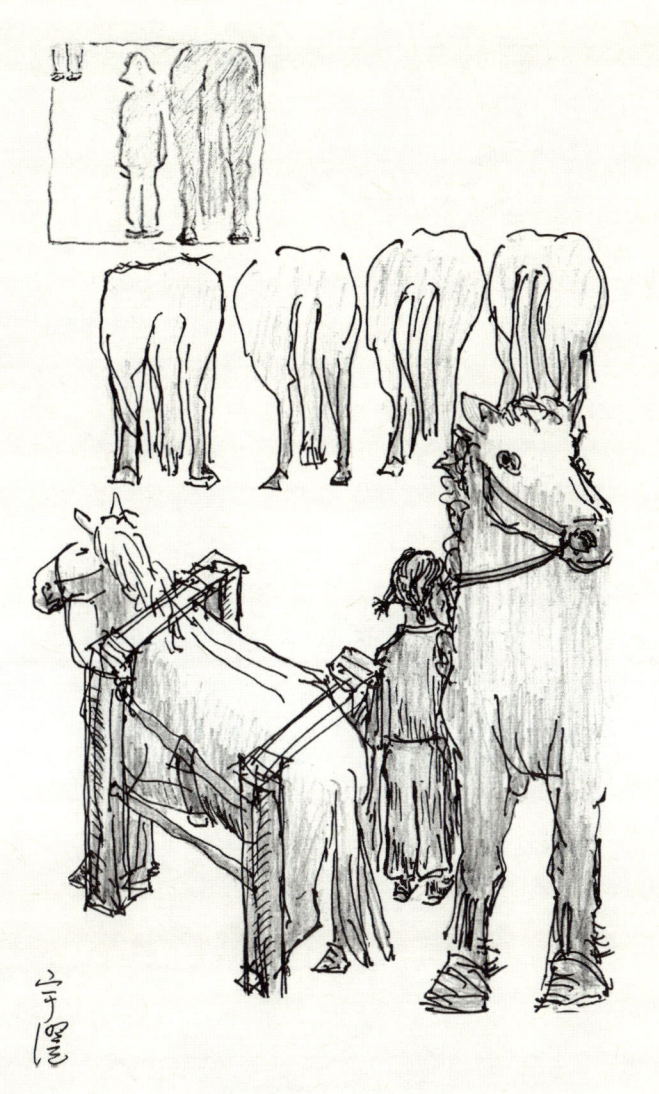

记忆·1972

者急火攻心，马眼就瞎了，这是马的刚烈所在。曾见三名车夫将一马打到皮开肉绽，打断了皮鞭和镐柄，它做错了事，股腿流血，当夜它就失明了。医生说是它内心不平，心火上攻的缘故。在马群聚居的地方，你经常可以看到瞎马的存在，它们终年在暗无天日的矿洞里、或是在酷暑严寒的原野上拉车和拖碾，仍然被人深度重复利用，一直到死。

马的敏捷高贵，羞怯多动的品行，使主人爱恨交织，在它们身上的期望值也就更多，更为复杂。可以说，它是人世间最昂贵最卑贱的活财产。无论良驹还是杂毛，通常是在两岁上下区分所有者范围，在左股烙火印，比如"寅531"，"B0029"，浑如登记车牌，然后阉割、钉掌、戴口嚼，直至接受鞍轭。处于三岁的发情期公马，有"害群之马"之说，相互踢打，啃掉人的手指，如果嗅着十里外有发情母马，即使它拖拉几公吨石块砖瓦的车辆，也将四蹄生风去相亲，力拔山兮气盖世，连身带车，乌云压顶一样上去造爱，酿成多少惨剧。

惯常的计算，我们以固定"马力"为单位，发动机因为汽缸活塞的机械运作，产生核定力量，一分不多，一分不少。马的血肉之躯，含有精神层面的激励元素，有巨大的不可估量的张力，忘我的癫狂，及丰沛的戏剧意味，我们远望一匹狂马拉着重车，飞跑出大路，剧烈颠簸之中，车中沉重货物，一件件树叶那样凋零，随后，车厢板忽然变为飘动崩裂的碎片，一个马车轮子弹射出来，然后，夹着渐高的黄尘，什么都看不见了——等人们找到它时，"车"已经消失了，马浑身挂满白色汗沫，拖着两根光秃粗重的车辕。

"骐骥之跼躅，不如驽马之安步"，为了人类的安全（人为天地之主），公马一般必须阉割。马厩通常在春天雇三四名蛮夫，缚倒马匹，割开阴囊，不麻醉，切出睾丸，结扎了精束，囊内各洒一小袋消炎粉。马的第一反应是疼痛难当，伏地颤抖，但必须强制它起来，伤口触到泥地，就会感染而死，必须迫使它立刻行走。这一走，就是走一个整月，不分昼夜，不避风雨，除了吃草，必须让它日夜跋涉，不得停留。在晚春，你可以看到十匹或十数匹经过这样手术的太监马在行走，两名马夫日夜换班督驾，每一匹马，身压百余斤重的沙袋，据说去势手术之后，马的脊背极容易上拱，容易报废，也因是体内残留了睾丸素，路遇母马，它们还能有情绪上种种的冲动，但到了月末，这点反应也消失了，此类景象，是比较惨的。

个别不挨刀，不割取睾丸的公马，一是血统特别有种，有型，可用于繁衍；二是好脾气，听话，比较羸弱，能予赦免。这种方式和人类的自我管理样态近似。

春天于城市人，是更衣赏花之时，也是勤于备考、发帖子及多诗季节，真正所谓万物自然之萌动，只是乡间消息——大小动物纷纷行动起来：猪狗的交配都比较猥琐，牛羊的举动，是转瞬即逝，含蓄而突兀，小鸟则日夜啼血，相当恼人。要说壮观无畏，浪漫激情，也许是马。作为一名马夫，当年有幸看到四五百匹发情母马，冲破畜栏，长驱一百二十华里，来到笔者所在的地盘。乡人一见惊跌道：天呢，可了不得！是某军马场良种，一律都三岁口，如何是好！每一匹母马，毛色绸缎般华美眩日，眼神温情清澈，飒爽活泼，臀尾的黏液湿及后蹄，并无羞愧之色，耳似削竹，腰若枕玉，四肢修长，步态婀娜。良驹的大批抵临，等同于上天掉馅饼，小农思想立刻泛滥，民众纷纷抢上去夺马，立刻马乱人哗。显然，此地是弥漫了浓烈的公马气味，才招致磁场的局面，于是人追马，马避人——它们直奔公马处去，只要有公马在，不管对方丑陋高矮，独眼龙还是皮癣肺结核，立刻近拢过去（通常是十母一公比例），静如处子，做驯然雌伏状，只等造爱。饱受压抑凌辱的本地劣等杂牌公马，哪见得这等目不暇接，绯靡豪华世面！所谓"桃花江上美人多"，心乱如麻，蜻蜓点水、花心大少者有之，惊艳嘶鸣踌躇不定者有之，卤莽随意、有首无尾、始乱终弃者有之，当下方寸大乱。

如此激越混乱的场面，马夫目睹一头几近老死的公马，渐渐还阳起立。它已经瘫卧枥草经年，双目失明，重症关节炎，蹄甲久不修铲，翘曲如弯钩，即将衰亡离世，大量异性气味是一种强心剂，它因此咸鱼翻身，用尽毕身的精气，颤巍巍挪到母马的位置，完成它这辈子最后一桩极要紧的性事。

三天后，马场来人，把母马们赶了回去，这些被外界严重污染的美丽动物，据说会立刻处理掉，马场的检疫非常严格。

日本高级料理，有马肉刺身。马夫所处的黑河地界，没有杀马取肉的习俗，作为马的表兄弟驴子，华北视为美食，也引不起本地民众胃口，一旦它们死掉（难产衰竭、"过劳死"等等），只是解下笼头、缰绳（可备新马使用），发动一部推土机，把尸身四脚朝天推到马厩附近一个大坑里了事。马皮很坚韧，传说苏军骑兵的皮靴是马皮缝制，但也许只等数天，骄阳的热量，坑内的污水，野兽啃咬，可将日趋腐败膨胀的马腹引爆，当地大批怀孕的母猪，早就在此守候徘徊多时，正处于最需要营养荤腥时期，相当饥饿贪婪，懂得探于马腹中补充动物蛋白。乌鸦飞来，野狗也来，马眼和马耳朵、舌头，第一时间就没有了，众禽兽围紧尸体身边，等待圆球一样发酵薄透的肚皮，破鼓一声闷响，稍加躲闪，即上去撕拖。这情景，使马夫产生过敏和恍惚，忆起儿时人人躲避上海弄堂里一部手摇爆米花机，待它"哐"的一响，大家急忙围近去的样子。

马奔跑时如果踩进草原的鼠洞，胫骨立刻折断，非常悲惨。有如足球前锋被铲断了脚踝，基本是完了。在西部电影里，主人通常是对准马脑，当头一枪解决，速减其苦。马夫记得本地发生过断腿马的事故，恰逢来了一位新疆客，他认为马肉和内脏是好东西，集体财产不能浪费——在我们乌鲁木齐，谁都知道"马肠"——肠内灌入肥瘦调味的马肉，据说一马的大小肠，能装进四条马腿肉，鲜美无比。就这样，断腿马被绑到电线杆上，屠夫举起开山斧砍掉马头。乡下人做事，都有一套辞令，杀每一头牛或者羊，先会单独说一番请求理解的话语，比如"雷声响呀么雨点到，日头西就刺骨寒，人不吃呀么我就不宰……"每聆此咒，羊就顺命而沉默，牛也不再是每一头滴泪了，紧咬住舌条，逐一受死。屠夫拖着围裙，气沉丹田，青锋直攮命脉。但这次是结果一匹痛抖的大型单蹄动物，超出了屠夫的所有经验，砍树工具也不称手，整个过程慌乱卤莽，惨不忍睹——并且，竟然遗忘了最最重要的"临终告白"。

很多年过去了，那具被砍下的马头，有时还出现在前任马夫的记忆中；以后，这个逐渐遥远的马头，与《教父》几个镜头清晰重合起来——

关键词一：教父唐·科里奥尼拜访电影老板府上，请求帮助。

关键词二：教父由电影老板陪着游园，参观其私人马厩与名马，最后却拒绝了教父的请求。教父告辞。

关键词三：清晨，电影老板在朦胧中，摸到一具沉重黏稠的物体，借着微光，发现这座容留多名雏妓的椭圆巨床上，放有一具马头，肯定是才被砍下的，在朝曦中散发温热的血气——这竟然是电影老板最引以为骄傲的无价名马的马头。电影老板一把搂住血淋淋马头，失声痛哭起来。

　　时隔二十载，笔者在上海虹桥机场行李房里，收取一份友人送来的礼物，它们装在一个大纸板箱子里，打开箱盖，等于看到当年打开断腿马腹腔的生理情景一样，箱子里盘踞了九曲十八弯，绵延不绝，细至鸡卵，粗若碗口的"马肠"。友人在电话里说，你可别大惊小怪，这是新疆特产"美味马肠"呀。自然肠道形状，灌装的肉制品呈灰白色，间有一块块黄斑（黄色是马的脂肪，灰色是瘦肉）。作为一名曾经的马夫，目睹这种久闻其名的原生态食品，有点回不过神来。友人说：肯定是美味，你一定要尝！外形嘛不是问题，本人掌握了大量马肉资源，本人准备与东部火腿肠企业合营，隆重推出"马肉火腿肠"，嘿嘿，如今年轻人，喜欢喂蜥蜴、蛇蝎、毒蜘蛛，喜欢奇异美食，你算一算，他们每人买上一根，是多少？

　　马的回忆，到此告一个段落。

　　动物的定义，诸位可以翻看国人纂写的动物辞条，结尾均有"皮可制革，肉可食用，骨可制胶"句型，提到名声，就数狗与脏话最密不可分。马虽混了个绝妙好辞许多，基本也形同虚设，它永远隶属劳苦阶级。现在的城市人只想有狗和汽车，西方人一直梦想私家马匹，但愿有这一天，你会把别墅的汽车间改造成马厩，每月预订干草和燕麦。喜狗的城里人士会霍然明白：原来马或骡子，也是另一类可供我们自由支配的动物。

绿细节

练瑜伽入迷的人，最后都想吃素，只是印度规矩不大一样，认为鸡蛋含有刺激物质，最好不去碰；吃斋最要紧的材料菌菇木耳，瑜伽也认定不洁，这些生物都生长于腐木，对练习者的健康心境将产生毒害——原以为我们只要全吃了蔬菜瓜果，便是洗心革面——他们细致的原则是：但凡经过发酵、腌制、罐装的蔬菜瓜果，都是不新鲜、不清洁的材料，都不能吃。

关于新鲜蔬菜有一个过目不忘的例子——河北有一所冬季菜园，从满清延续到1970年代，一直为宫中（政府）提供暖棚小黄瓜，园子继承古代的包装和物流方法，采下新鲜黄瓜，夹藏在对半剖开的大白菜心内保鲜，每一棵大白菜保存一条黄瓜，有多少棵大白菜，就有多少条黄瓜，装车直运中南海，这是新凤霞的回忆，当时普通人都过着四季分明的生活，鲜黄瓜在夏天才见得到，有一名在暖棚劳动的右派，实在难以抵挡巨大诱惑，偷吃了一条，几乎惹出大祸。

都说有了孙悟空孙大圣，才有了韭菜大蒜；当时在西天，猴子生怕丢失这两件宝贝，猴屁股夹紧了，一个斤斗偷带入境，从此成了庙堂禁物，然而在红尘中，韭菜始终是本国有名的助阳菜，它的割不绝，割一茬便长一茬，没有尽境的脾气，象征了生之强盛。

法国菜认定直挺挺的芦笋壮阳——其实竹笋顶撞出世的姿态，比芦笋要强有力多了，但从来不受异邦重视；到处乱窜的竹类在澳洲甚至被视为家园祸害，只有国人一直赋予它美名，竹笋确实是顽强坚定，时常由野外延伸到屋内，落一场雨，农民的床铺、桌子下面哐当一声，顶出几支新笋来，毛笋的力气，掀得翻石板，任何砖瓦地面、板凳、箱笼、脚盆都压不住它的生长，缺点是，它们虽那么年轻孔武，也极易变"老"，往往隔了一两天，园子里那些新笋的质地，已硬如劈柴，不能做菜了，上海话"老得烧不酥"。

"笋烧肉"最有滋味；绍兴衙门里一把令签掼到堂上，"来人呀！笋烤肉！"这叫杖刑，"杖八十"，"五十大板"，竹板打屁股——可以炖肉的，一招一个坑的嫩笋，最后出落成一条杀肉出血的硬竹板——传说以人尿浸泡，威力更大；一位上海籍的香港前美女谈论如何美容，有个诀窍是，美女从来都不吃笋，"我姆妈讲过，女人吃了笋，就容易变老"。

有人分析，上海过去的美女，是长久吃泡饭、腐乳、咸菜

嫩江流域最醒目的野花·1971

炒毛豆养成的，如果她们喜欢贴玉米饼子，大葱蘸大酱，就是别地胭脂了，样子不一。

植物相同于人的地方，比如长在上海小弄堂里的棕榈树，身材就越发苗条，似乎不需要一个平方，就够它长高，它们的模样依旧是原属特征，同样满身棕毛，蓬头垢面，除非有割棕者上门为它做清理。蹲在城市各种角落里的大叶冬青们，也无所谓环境，如平常的妇人家，天生是占一点地盘就得到安慰，身形并无它求，可以胖，也可以矮，可以瘦，公用部位，最好能延伸自家的痕迹与影子，有窗明几净的满足感，看上去可以是那种刻意的山青水绿，也有自然朴素的整洁，因此它们立在哪里都显得清爽。合欢（马缨花）则是闺秀级，婆娑柔弱气质，最易生病，即使家道中落，外形仍然疏朗，得患天牛病，它就不开花，半株半株坏死，显出佣人搀扶出来的斜势，这种树木生性疑惑，主要在精神层面，有触景生情的表情，每逢日落、阴霾、雷雨、天黑如磐，就闭紧了枝叶，心情不佳。而忍冬（也称左旋，金银花）呢，牢牢攀附于墙头屋角摇曳，从五月的花势上看，还得了一点细气的遗韵，但它们其实是真正的"劳动大姐"，生活不易，能做就尽量去做，抢走别家的饭碗也无所谓（凌霄花也是），身旁不管是什么同伴，都逐渐认输，被它缠绕，占据，压垮，仍然是一辈子的不够，努力出落到一个水银泻地，密不透风；题外话是，这种植物固定旋转的能力，可能是提示人类发明左右螺纹的重要启示之一。

写到这里，想起部分爱植物的居民们，习惯老农民那种自家沤制肥料，阳台花团锦簇，也恶形恶状之臭。造肥使用极端内容比如猫狗粪、死蟹、鸡鸭鱼肚肠、虾头等，密闭在容器内三周时间，开坛时刻，奇臭无比，就像古代死守城楼半年的士兵不得已的绝招，立于城头向下抛砸装满粪尿的"金瓶"，以气味击退攻城者；爱植物者造出的气体，或比金瓶乍破还可怖——邻居即使关紧门窗，拉起双层窗帘都挡不住；一个受害者表示，实在没法和这股臭气为伍，请人搞来洗厕所的硫酸（读者不必模仿），半夜悄悄探身过去，给每株植物略施若干，每盆只倒上一点，泥就冒烟。就这样，邻家无论多少的好花好树，香臭间杂，一夜死于非命。

广玉兰散发出甜瓜的浓香，也意味梅雨当季了，这种高树的气息和花瓣的洁白度，与栀子、白兰、茉莉相仿，也许把它们混合鲜奶、香草粉、薄荷，能做甜点心。它们相当率真，是毫不掩饰缺点的植物，集花蕾、盛花、败蕊于一体，花谢不落，新花纯洁粉嫩如婴儿，死花破败、枯瘪、腐烂，一起长久停留在树上展览，在梅雨中，它的白、褐黄、斑驳咖啡色，湿淋淋滴水。山茶花的面貌也差不多少——白、红、粉，"双富贵"、"童子面"，生死要在一处，次第新花、败花挂满枝头，这样的笨事情，只有植物才做得出，人有这样举动的，肯定是疯了。

本埠最传统的小细节，一是沪剧（也叫"本滩"），二是街头小贩点缀的小枝白兰、茉莉，这类香花的大宗用途实是用来熏制花茶——有时街头会出现苏州来的卡车，装满了大盆大盆的白兰、茉莉——看花人不知道，它们是茶厂的处理品，白兰在暖棚中度冬，长得太高便失去实用性，茉莉则取每年分蘖的新枝，花才大而香浓，它们怕冷喜光，越是荤腥之肥，越是毒日头暴晒，越是健壮——居民带它们回家，都养不长。

电影对白或书面语表达："想我吗？想过吗？喜欢我吗？要我吗？还要我吗？忘记我了是吗？吗？吗？吗？"

即使不说这些，如此默契、剧烈的一对，重逢的双方，相看几眼，黏胶一样的慢镜头，N次的潮汐，仿佛在背景之前，合力迸发出一朵大花来，显露了意料不及的颜色，无论是雌蕊、雄蕊，曾经飘落四处，最后在画面上散布大量的花粉……

关系一直平淡，几乎失掉联系，旧人的淡漠，也是消失的一个结论，但现在是蛰伏后的苏醒，从不会是什么平淡，不是疯狂，不是有意掩饰，是暗地的力气，是需要。

曾经的记忆活过来，信里的语句，曾经的念头，眼神，气味都忽然再回来，都是原先浇灌的养分，一直累积，埋伏，心知肚明，三朝元老的充实，昙花、水仙花根茎那般准备储存了几年，继续储存，条件不符就休眠，等到一定时候，温度、水分合适，就是情感的冉见，于是惊鸿一瞥，开出一朵，或在第二天再开出一朵、两朵。

是不开则已，一开动容的那种大盏的花，大百合，大芍药，质地，味道和一般意义不同，香也不一样，看到这样的花，它们自己喜悦，也害怕。

同一个门派的男女，或者地下党碰面，一遇之间，不形容于色，不需多话便知道底细。也像是1980年代电影《午夜守门人》或稍后《烈火情人》的情景。

每天一早就去看葫芦花。

白花迎风抖动，今天开五六朵，明天开八九朵。

半夜三更看韩剧，看朝鲜人汉官威仪，言必称孔孟；女人的洁白衣裙在深宫里摇曳，比清朝花盆底鞋、锦缎大红旗袍、粉色牡丹头饰更为醒目。清晨是看葫芦花，预见哪几朵是明天开，哪几朵后天要开。

葫芦藤，等于连续剧的一个梗概，上一集皇后因大臣的干预，泪流满面的画面，在藤上还看得见，那应该是昨天播的，花瓣残黄，茎还是发绿；再上一集，皇后被太后所妒，是隔天内容了，逐渐模糊，败花也逐渐枯萎缩小；今天的这集，就是现在开放的那几朵花，生逢盛世；下一集预告，皇后能不能立子为储，被几个花苞裹紧，还没有开，但不远了。

葫芦花的特点是，雄花的初萼下方，也隆起一颗圆囊，容易误判为凸出子房的一朵雌花，等到它开放了，才见花蕊直挺，附有厚厚的花粉，那不对了，也仍然迷惑着——它或许是一种变异，阴阳同体？每朵花的性状隆起都不一样，更圆润些的是雌花？流线状的全是雄花吗？

不再猜了，剥掉一朵花瓣，给自认为的"雌花"授粉，以后就觉得好笑，这可是让雄花与另一朵雄花"寻开心"——所谓的"果囊"并没因此而膨大，不久就纷纷枯萎，脱落，死去。

每天清早，满眼都是雄花，它们在深夜已经开了，在无望中，朝向夏晚的朗月，也许会吸引夜行的飞蛾，它们的使命，就是在竞争、无果，无悔中等待——等于每晚的韩国男子，吃古代的辣椒、泡菜，写中国毛笔字，拖几笔墨兰，说不几句，涕泗横流。

网上的心理医生，正宽慰一位失意者：……我们生命的本质，就是一种上亿量的争夺战，接近目标很难，你有什么冤屈可言……

青藤爬到了一米五十，白白开了几十朵雄花，昨天竟发现了两朵真正的雌花！一对姐妹，藏在叶之深处，小手指肚大小，叠球状的果囊，顶着"大白云"羊毫笔样的花苞，丰隆浑圆，母仪天下，实在不一样。

造化睿智，令大量雄激素无度送死，等正式的雌花登基，是被另一批更健康向上、新鲜阳光的好男簇拥——其实绝大部分也是样子货，也是开展览会。

一只蜜蜂停到花瓣上。以前雄花开得一片雪白闹忙，根本没蜜蜂飞来，皇天圣明，一旦雌至，雌雄相谐，它便飞来做媒。

下午五时去看，雌花的子房已经圆润发亮，膨胀了一些，葫芦藤抓紧了短暂的好时光——按农业语言，它们这一回，肯定是"坐果"了。

"年轮"是树木活动停滞的记录。

黄博罗树在北纬41度，素以美丽纹理闻名，独立旷野，裹紧内心，如果过得还好，愉快顺利，心境便宽慰；如果难熬，拴驴拴马，偶因风荡，雨雪偏少，或被云催，内里全是细密年轮的回忆……它记录的夏冬，年月、风雨、等待、休眠，清晰可观。

热带树无年轮，四季如一季，日日生长，光合作用使芽/花重复不止……也许有一天，人也如热带树木那样过渡到一个没有秋冬的极乐世界，可以单纯，无虑无忧，无心无脑……这是理想的大同，很少再有记录，相互难以再提到什么，为什么忧愁恐惧，就如热带树木，没有记忆的必要——人类的自由王国中，一切被无言淹没——太阳在千百年来，永远巡行于赤道，照耀恒定的树冠，不再有丝毫偏离。

植物没有灵魂，在很多人眼里是无声息的安静，菠菜、丝瓜、毛豆，翻炒之中快速萎缩，油是滚烫，时刻注重色面；"地三鲜"，茄子辣椒炒土豆，缺乏饭店的高温猛火，做不出它的特别滋味。人不杀生，不杀鸡，不杀鱼，但人可以把菜突然投入开水滚油，看它们挺拔滴翠的枝叶瘫软，释放出汁液，也可以伐木丁丁，可以砍柴，可以烧炭取暖；人吃动物是荤，吃植物是素，前者有命有血，切笋切菜切萝卜，它们毫无痛感，砍一棵龙胆木淌红水，西瓜流出红色汁液是甜的，橡胶树、无花果、生菜流白浆，它们根本没有神经反应，这些绝不是植物们的血。

看报知道，如果在大棚里播放音乐，卷心菜就长得特别肥大水灵，也只有在高速摄影中，雨林里无数植物的触须开始苏醒，无数花朵跳舞。素食者坚相它们无觉无命；一般人只当它们是大地毛发；只有先人，认为它们是妖，是神，是灵。唯有植物学家，知道它们在日夜不停呼吸。

——要是再如此多想下去，素也不能吃，人只能饿死。

穿过西窗的南风

大海翻动灰色浊浪,严冬的阴霾天气,云头很低。我倚住甲板栏杆,不远处就是她。夜晚溅上甲板的海水被风吹干,脸开始发疼,太冷了。

1970年,在"长锦"轮由上海至大连的中途,凭借统一的绿色棉袄,我断定了她是知青,我们都是首次回沪探亲,然后返回东北。

海船由沪驶向北方。

她最多17—19岁,"童花"发式,身材娇小,虽是服装单调的年代,也能显示个人身份的一二特征,可借此知道,对方是哪里来,到哪里去。陌生青年相遇,尽可以衣帽取人,来自哪座城市,基本一眼就看得清楚。

自1968年"最高指示"规定,城市青年必须"上山下乡"之后,上海政府为大批遣去东北的年轻人,免费发放准军事化御寒棉衣,赴黑龙江为四件套:棉大衣、棉帽、棉袄、棉裤。

去吉林为三件：棉短大衣，棉帽，棉裤。沪地不善制造御寒衣物，外观虽是军绿颜色，质地厚重臃肿。等到了北方，见到京、津两地青年草黄色大衣棉袄的裁剪如此合身，接近军品，着实令人羡慕。省内哈尔滨、齐齐哈尔、牡丹江的青年，本就在严寒之地生活，不予发放衣物。

看上去，她是注意修饰的，绿棉袄内另有藏青色的中式棉袄，戴鹅黄的领圈，那是上海流行的一种样式，细毛线织成四指宽的条状，两端缝有揿钮，围住脖颈（一般是中式的"立领"），既是装饰，也相当保暖。她盯着船舷外的大海，并不知道我在注意她。看来她是独自旅行，几次我与五六同伴走下甲板，或挤入大舱食堂看电影《列宁在1918》，都注意到她是独自来的，她的脸从没有笑容，也不跟任何人说话，眼神明净沉稳。

有一次，我独自与她在狭窄的舱内走廊相逢，她怔了怔，等着我侧身让她过去。她是那么娇小，我们的绿棉袄相互碰擦一下，留下一股小风。注意到她十分合身的黑卡其布长裤，裤脚露出内里一寸宽的鹅黄色运动裤边，高帮麂皮鞋，系着当时十分流行的白色"回力"篮球鞋带，如果是西方电影里的情景，这种际遇也许会使一名陌生青年产生对话欲望——而我们相遇无语，快照一样匆匆回眸，留住细部，还有那阵小风。

有个时期，听闻朋友在编一部《文革中的市民生活史》，不知此君除收集各地民生票证供应外，是否注意到当年各地服饰特征的相关材料。

1970年代初,上海男女青年仍是以紧绷的卡其布长裤为流行,因为体育一枝独秀,全国青年的着装,都有体育元素的痕迹,上海流行的时髦上衣趣味,是以拥有多件拉链翻领运动衫为荣,必须一并穿着,三到五件一并穿,以领口的层层叠叠为美,裤装就如她的款式,推崇细瘦的黑或灰卡其布裤管,绽露内里三公分内的运动裤脚,配套各色尼龙袜与一种白色乒乓鞋——要点是必须抽去鞋带,鞋舌翻入鞋内,脚背显露袜子颜色,如此类推,以鞋面露出各种袜色变化,显示各自的不同。这类服饰特点被大量上海青年带到了北方,即遭受当地老老少少一致抵制,被称作"上海小阿飞"、"鸡腿裤"、"小白鞋",是上海人最不大方的一种证明。其实当时所谓洋气的哈尔滨男女,仍盛行可怕的肥大军裤和军用麂皮鞋,北方青年的时髦细部是,这种皮鞋必须系有"回力"篮球鞋白鞋带——原因不外就是裤管肥大,冬天可罩棉裤,夏季可以单穿,白鞋带暗示了与富有的联系——要知道当年拥有一双上海"回力牌"篮球鞋是相当奢侈的挥霍,买一副鞋带则容易得多。

南北之间的服装差异形成斗法,但对峙时间不长,北方青年很快接受了"鸡腿裤"尺寸,坚固保暖的麂皮鞋也深得上海女孩青睐,使她们在冻土或泥泞上行走更为实惠暖和。在不到一年的时间里,北方青年学习上海人的做法,悄悄改小了裤管尺寸,推迟了棉裤的穿着时间,然而将两地时髦装束浑为一体,是上海女孩最热心去做的事情,按当时的审美标准,船上这位女孩的打扮,可称是完美无缺的时尚典范,她的藏青色、黑色、若即若离的鹅黄色的搭配,甚至高于流行境界,达到品位和气质,遗世独立的神秘统一。

以后,我和她可以站在甲板上,相隔二十米,在左舷或右舷,面对寒冷的海风和涛声。有时她掏出口琴试音阶,声音不连贯地上升,然后停止。她倚住栏杆,鼻尖冻红,眼睛盯着海浪,几乎从不看我,但或许明白,有这样一个不满二十岁,瘦高的,戴着棕色羊剪绒皮帽的青年在远处,是她一个陪伴,是固定了的景物。上船的那夜,我和同伴们在难闻的底舱玩"十三罗宋",听到空气中传来口琴单调的声响,音阶一个一个往上爬,然后重复,我拿着满把的牌,试图拼凑一个"三轮车"牌式,我把牌扔在铺开的报纸上,跑了出去,在吵闹中,我慢慢爬到二层舱才平静下来,这是干什么?我问自己,缓然踱到甲板上,四处一片漆黑,海浪发出细碎声音,尾旗单调飘扬。她站在左舷处,我们相距二十米,舷窗在她身边留下明显的灯影。她没有回头,似乎是观看漆黑的海洋,两人远远相向,不知道站了多久,直到听见同伴骂骂咧咧的声音逐渐临近,我才离开,再次返回到温暖的、难闻的底舱……

两天两夜的旅程即将结束。虽然我仍然经常站在甲板上,她也经常站在二十米开外的地方,然而此刻,凭栏远望的旅客逐渐增多了。天气好了,渤海寒冷的洋面上,阳光耀眼,海水如深蓝和深绿的玻璃那样,大块大块碎裂和喧哗,寒风吹向船的右舷时,人们就聚到阳光处的左舷,我知道严峻的时刻就要到来,那就是——再也没有和她说话的机会。也许,谁都知道在这条船上,在这次航程中,有一对男女相隔二十米,没有相互走近,谁都在关注着这件事——在你的行为规范里,也许永远不会面对一位陌生异性轻松说话。

我们终于走下舷梯上岸。同伴朗声说笑,抱怨风浪的恶劣,饭菜的恶劣。他们都有脱逃的快感。我们都将在大连站换乘长途火车,继续北上千里,重新面对需要开垦的田地,就像古诗所言"青春作伴好还乡",它是一个家乡,归宿,烙印。但因为出现了她,使这种思归夹杂渺茫。我数次回头想再看看她,"看"是许多无奈中唯一的解脱,可是没有发现,绿棉袄,藏青色的小棉袄,鹅黄领套,没有。

大家提了行李,顺大连港漫长的码头朝出口走。这段路极长,沿码头有一个个仓库,似乎没有尽头,不久众人都出汗了,中途站定脱下帽子,此刻我发现,她在前方的极远处,提着两个沉重旅行袋,背包,绿棉衣挽在臂弯里艰难行走。太阳明晃晃压在头顶,我们都累极。

每人的行李里面塞满了各种食物,包括给当地老乡买的上海货,她的旅行袋里,也不会是别的东西,那年头整船整车的城市青年,都这样担负着自我改善伙食,活跃当地零星百货的南北流通业务,或以这样的运输储备,应付一到两年的光阴。

走走停停，我们的手掌都被行李勒得发疼。她也放慢了速度，每走十几步，站住了休息，只是她和我们这些吵吵嚷嚷的旅客相比，更为无助，没有一人帮她，谁都站着摆弄自家行李，或者急匆匆往前走，再不回头。她停顿的次数越来越频繁，离我们也越近了，我很想帮她，努力高声说话，意图引起她的注意，显然她没有听见，没有转过脸来，或再练习一下她的口琴音阶，她几乎是拖两个巨大旅行袋，走几步，停顿，拖起来，放下。我加快脚步靠近她，幻想接近她，也许有帮助的勇气，但这种追赶方式，无法不顾忌身边同伴的位置，我也知道，他们一旦发现这种企图之后，其反应的激烈程度。

我带领这些人忽快忽慢地往前走，走到和她相隔二十米的距离，发现她在发怔，然后她转身，脚下是她的旅行袋和棉衣……此刻，她打开两个旅行袋的拉链，用力将它们翻倒过来——旅行袋里装满白花花的年糕片，满满两大袋的年糕片，被她倾倒在码头上。

她没听到任何声音，船在鸣号，码头的吊车在装卸货物，旅客匆匆顺着码头疾行，只有她站着，如水流中的石头。

也许我注定只能在二十米开外看着。她做了这件异乎寻常的事，怔了怔，把棉衣和空旅行袋塞入另一个袋子里，拎着它，背上背包疾步消失在人流中，在我的眼中，她永远消失了。

经过两大堆年糕片，听见一个北方人的疑问，显然都不知道这坚硬的白色片状为何物。我再清楚不过,这是上海一户人家规定的购买量和多家亲戚支持的总和。家人将年糕切成薄片,摊在竹匾里晾干,把心思转移在白色的年糕上,最后一直送她到上海公平路码头,送她上船,叮嘱下船时一定请人帮忙,她太娇小了,家长相信,会有人在旅途上照顾她的……

但是没有。

这是我至今回想时仍觉得苦恼的。

我们并不知道

上海童谣：……有一把飞快的钝刀，杀脱一个年轻的老太……

东北嫩江唱词：……八月十五黑咕隆咚，树梢不动就刮了大风，（把）鸡蛋刮得滴溜溜转哪，（把）磨盘刮得上了天空，磨盘落到鸡蛋上呵，把磨盘砸出个大窟窿……

难以解释的画面。

朋友给的一把藏刀，已经变得很旧了，刀鞘和绿松石琉璃珠子已经发黯，银链也呈现黑色，时间就这样处置一种具体的物件，有次我抽出刀来——刀面和刀脊生出了点点锈斑，人称拉萨是一座永不生锈之城，那里四十年前的铁皮波纹瓦仍在房顶闪闪发亮，上海则是拉萨的反面——在这湿润环境中，手头一件不锈钢便携烟灰盒，最近也卅始生锈。

虽然刀身锈蚀，但它仍保持了锋利的本质，这种特性，但愿也是老朋友的状态——友谊不因时间而改变，锈痕是时间标志，也像是暗暗对我说，赠刀人，已久违了。

市面上一直存在着"雪亮的钝刀"——比如各种宝剑，传奇的中国大刀，日本刀分有大、中、小号，摆设的刀架其实是一对塑制的仿鹿角；试想我上前拔刀出鞘，蛟龙戏水、野马分鬃，左右揽雀尾，劈将开去——都是样子货，没有刀刃，只能算一条一条电镀打磨的雪亮铁片。

真刀真枪，有真声势，时髦过好一阵的西班牙古董武器，刀枪剑戟也都是摆件，都不开快口，仿18世纪的洋枪，不设置打火的"屁眼"，一尊一尊基本是实心铁器，包括现今的中国枪棒，假如开打起来，它也就软如弹簧，是条条抡圆了的软绳，单刀、双刀、龙泉剑、关羽关老爷的青龙偃月刀，包括宋朝朴刀，由现代的小青年对劈对砍，花拳绣腿，当场发出一片哗啦啦啦卷铁皮响动——影视中，它们多么叮当铿锵，是配声效果——遥想当初的古代武器，理应是华光万丈，鞘内自鸣，闻风而动，割掉了多少人头，打下多少江山，而现今我们只在剑柄系几尺红蓝绸子，大流苏坠子，拖泥带水，滚做了一团——看官明白，这可不能是取命之搏，是纯表演的舞蹈。

偶然在一本杂志的封底，看到一整版冷兵器广告，排列内容除上面提到这堆家伙，另外列有风火轮、丈八蛇矛、如意流星锤、峨嵋刺、袖箭、李小龙《青蜂》一片使用过的蜂形夺命暗器，每一件标出照片、详细价码，代办邮购——假如不在21世纪的电灯光照耀下，笔者肯定认定自己身在汉朝，或宋高宗时代。

瑞士军刀久闻盛名，外国小说有"你要去中国，请带好瑞士军刀"句样，原以为它有"兰博刀"那么巨大可畏，刀背上一排钢牙，其实是一种很不起眼的红色折刀，文弱乖巧，国人眼里"上海小白脸"的样子，内腔还可以翻出不少精细的兰花指头，小勺、小叉、小剪子、螺丝刀等等的伎俩，可谓传统利器的异化代表了。

见识相当锋利的刀刃，是我在遥远年代北方一次临时聚会上，一位医生朋友的宿舍，那时候当地医院，习惯用60度土造苞米白酒代替酒精，当夜具体的消遣，就是取自医院库房的一茶缸代用酒精，两个自买的核桃仁罐头，在这一刻，医生从铺底下抽出一把刀来，一柄大号截肢手术刀，已经很旧，毫不耀目，比西餐牛排刀稍长些，据说专为切割大腿肌肉的设计——手术医生用它三两下即切至骨头，再改用骨锯，迅速截断腿骨，完成卸掉一整条人腿的目的。这夜，医生将这柄旧刀顶在罐头上，稍稍撩拨几下，铁皮就裂开了。这把刀给我深刻的印象。

就在铝饭盒盖中，倒了一些酒，点上火，温热装满冷酒的饭盒，然后就喝了，讲话，猜拳。医生并不知道自己习惯出大拇指，习惯只叫"六六顺"，因此老输，之后，他醺醺然凑近说，晓得吗？那个"大乌龟"，在半年前死掉了！

说的是一熟人，某个上海青年的绰号，凭这三字，可画他一幅速写，他懒惰成性，集体练习急行军时期，也只有他捆的背包根本不得要领，因此他随队行动，他的后背一直是龟甲模样的几何花纹，除了口琴，他对任何事不感兴趣，毫无责任，从上海来北方半年多，他带来的行李细软也就不见了，不是丢失，就是变卖和送人，最后因为睡觉成为问题，曾借走了青年食堂发面做馒头用的厚棉被，对付了两夜，也就逃离了农场，据说在以后一年多的时间里，他在各地大小城市游荡，依靠吹革命歌曲、乞讨、偷窃度日，白天捡烟头抽，晚上靠住小饭铺尚有余温的炉边取暖——这是遣送回场后他的自述，不久他就被调到其他农场，参加那边的抗洪工程，再也没了消息。

医生说，他确实是死了，死在一个湿漉漉的早晨，一条陌生的小径旁边。

麦收时期，每天的深夜，人人都是在磨刀，麦子熟透了，在月光下发黄，沉甸甸的毫无美感，广阔的麦田，是无垠宇宙下的一种黄祸，蓬勃的黄色植物与无穷尽的面积，成为盘踞人心的一种巨大压力，对于真正手握镰刀的劳动者来说，最残酷的现实是，麦田无一丁点诗意，很难引发丝毫激情与书写乐趣，劳动产生诗歌的条件早已消失，人人忧心忡忡，都自顾磨刀，为明天做准备，只有"大乌龟"在吹口琴，他根本学不

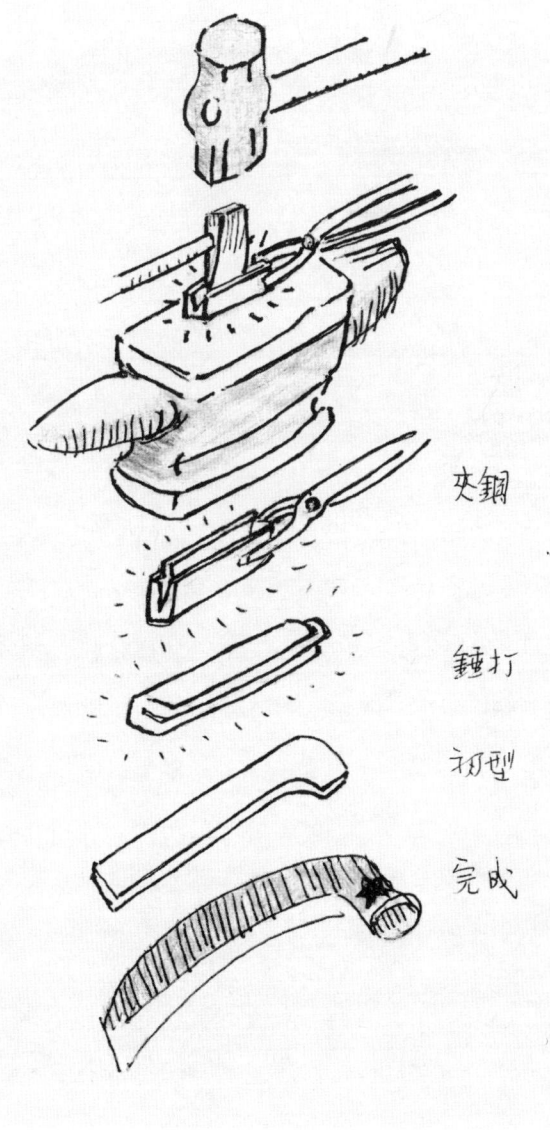

记忆·1973

会磨刀，或越磨越钝，不是他成心如此，是根本不懂得，不会上心。在那个最后的夜晚，他面对月亮，靠着土墙吹口琴，月轮与远方的麦田，现出明暗不同的黄色，四面是沙沙的磨刀声。

第二天，在大家上工的时候，这个人就这样忽然走向了死亡。

本地的小火车站是俄国式，丈量麦地的木尺是俄式，马拉收割机、爬犁（雪橇）、包括装牛奶的铁皮桶（当地称"维特罗"）都是俄式——这日早晨，大家带着锋利镰刀，腰间挂着磨石，排队出工，不少人的镰刀都有护套，大家忽然发现，他没有带口琴，跟在队伍最后面，扛着一把旧骟刀，这是一种俄式大镰——西式死神骑扫帚挥舞的那种长刀，完整刀杆长约二米，这件因为折损一截，剩一米七十，正与他的身材相当，可能是马厩临时割草的工具了，久无人使用，遍满红锈，但对一个懒汉来说，还算一件家伙，可对付着割麦——这方面他一直无所谓，可随便拿走别人的工具，过一天算一天。

他扛着这柄大刀，走在队伍的最后，清早时候，空气十分潮湿，有一段小径，不少的蟾蜍钻出草丛，在小径中或附近爬行，它们是交配，或许战争，一蟾抱紧一蟾，相互涂满黏液，仿佛粘在一起不再分离，它们静止或热烈扭打，似都出于某种情感，大家都绕着它们走路；无视这种紧拥纠缠、蠕动黏稠，颇有些尴尬景象,男女青年们跳来跳去,停止了说话。

大家都听到他尾随在队伍最后,听到他用手里的镰刀杆,舂击这些黏稠的生灵,一声,一声,他没有舂到,或是舂到了,声音不一样,之后忽然,发出了推倒屏风的一阵响动——一切的声音都没有了,仿佛蟾蜍们瞬间都突然凝止——这青年人趴在路边的杂草里,丝毫不再动了。

事后推断,当时他一上一下的举动,他垂直舂顿这杆大镰刀杆,布满红锈的锋利镰口,一次一次横陈于他的后颈,刀口正与他的脖子平齐,但他看不到脑后,不清楚,毫不在意,他扛着这件见鬼的农具出门,却并不熟悉它,感觉它的重量,但不清楚它的厉害。这具大镰刀,是一架断头台,一直在他脑后上下运动,等待他,候着他的脖颈……最后一次,是他走到一处软地,最终一次往下用力,应该力量过于猛烈,刀杆插陷到软泥深处,刀口,也终于割开了他年轻光滑的颈子,颈部的表皮、肌肉群、第某某节颈椎间隙、颈动脉、中枢神经束,一直切到喉管、喉结和表皮,他的头挂在了前胸。

他一不小心割下了自己的头?是他在瞬息之间发生的事。

他就这样死在通往明黄色麦地的荒草丛中。

——收麦季节,是蛤蟆交配的季节吗,公蟾抱紧了母蟾?

医生没有回答。

在那个寂寞的聚会上,酒汁在内心温暖移动,蜡烛即将熄灭,远处,长途马车的吆喝传来,然后又静了。

也许是他想死呢。我这么想。

医生已经醉倒在铺上了。

"可要小心生锈的快刀了,有时候,人就这样嘻嘻哈哈,其实是在刀锋上跳舞,自己却不知道。"医生迷糊地说。

此河旧影

日光

每当日光爬到长寿路桥堍,沪西一带男工女工,已经踏上苏州河的大小桥梁。

上海人称河叫"河浜",面孔朝南,走过苏州河这条"河浜",进入南岸工厂。

安适,井然,静然,从一而终,笃定。

时代如此,小学徒,师傅,师娘,师傅的师傅,一早起来"做人家"、"过日脚"——勤俭节约,兢兢业业,自带小菜,新工作服工作鞋,就是出门打扮的行头:八成新蓝布工装,配"中长纤维"面料长裤,钳工专用全新蓝布轮胎底工作鞋,或黄绿颜色专业电工胶鞋,同样是令人羡慕的岗位表征。

女人也一样,裁剪缝改的藏青色工作长裤,烫出两条裤线,一副"走亲眷"神色,包里带有织了一半的纱裤或者纱衫——工作手套拆的白纱线团、老式绒线棒针、新式环形针,记得工余织几针，洗一点小囡衣裳，工间休息的每一分钟全有计划，溜进厂托儿所里抱小囡，到车棚里揩自行车，上工路上已经仔细想明白，一路留心脚底的烂泥、茭白壳，瞄一眼河浜风景，不知不觉走进车间，换下这一身打扮，掸灰，挂到铁丝衣架上，更衣箱里真正的工作服，一般洗得发白，打有补丁，干干净净。

男工抬脚朝桥上走，袋里放一包飞马牌、光荣牌香烟，工厂的陡峭河岸，水塔，烟囱就在眼前，心里盘算还剩几天加班，棉纱是好，还是不好，17号车有毛病，夜班一个叫梅珍的女工像似对自家有意思……通常就这样一转眼的工夫，人已经与桥及河流景致脱离，走到浜南，走过北岸通到南岸的这段路程。

桥南盘踞了这批男女为之谋生的大小工厂，墙壁、房顶完全发热，发烫，发抖，迸发蒸汽、尖叫，日夜三班，24小时开工。国棉一厂、六厂早早已经敞开大铁门，莫干山路路口，整一座悬崖式"申新九厂"大楼，窗栏外钉有锯齿状挡板，每个尖牙、每条缝隙里飘动白颜色纱花絮，电线杆每一根木刺、螺丝钉，飘飞蚱蜢或者白鸽的翼状纱絮，机器彻夜轰鸣，巨型通风口嗡嗡嗡嗡吞入早春河面的湿雾，唾吐一阵阵白棉纱气味，机油气味，短袖女工的气味，气味一层一层，可以分别，瞬间搅散于马路和河堤之间。不管外面几点钟，是阴是阳，是落毛毛雨，是晨昏、午夜，路人走过车间边门，望见里面永远是哗哗作响的机器，雪亮耀眼的日光灯海洋。

此刻，桥旁停靠的大小航船和驳船上，一个乡下女人弯低身体，从挂满白霜的船篷下拖出晦暗被褥，爬到岸上去晒。小囡穷哭，农村褐黄色紧毛草狗，立定于狭窄的船舷，嗅辨城市晓风。港监的汽艇威猛开过来，响亮告诫前方"嘉字0032号"拖驳减速，黑酱油色河水重新滚翻白沫。一少年立于防汛墙的水泥堤上，手拎铁皮水桶，与朝阳成为一片剪影。附近"船民专给水站"围拢了人，河堤每一条铁梯结满冰凌。五个女船民蹲身接水，丝毫不觉辛苦，不懂水冷风寒，每趟航船驶进沪西这一带复杂多变的河道，这些女人必定直挺挺立于自家船头，戴一块红、黄、翠绿或宝蓝色醒目头巾，让船尾自家男人充当掌舵标尺，现在，女人失却了唯一亮点，两腿岔开，蹲得低，臀部宽扁臃肿，背对了沿马路的小烟纸店，乌鸦一样聒噪。

一个男船民端碗持筷，坐于船头棉花秸柴上大口扒着稀饭薄粥。市声里的寒气，回荡于水面和附近的桥洞里，摇晃不停。作为船家，一生就是这样早餐，自以为是，自有规则，处身于紧贴河流的位置，习惯水平视野，熟悉沪西的水上世界——以这种角度看出去，与长期行走岸上、俯观河景的市民不一样，苏州河于梦中，于现实印象里，也就是各种桥洞，红漆涂写的大小水位记号，陡峭灰冷的河堤，系缆铁环锈湿滑腻，工厂烟囱插入云天，河面贴近，日夜随了船身浮晃，漂移,逼仄,辽阔,嘈杂。

由此一路朝西,直到周家桥一带,全是船家常来常转所在,一路有几处湾,多少码头支流,心里烂熟了;大洋桥附近算支流,桥洞低矮,如果夜船脱了缆,漂移到桥洞之下就容易闷桥——涨潮时船身让桥洞罩住,甚至压扁沉没;即使桥洞上方"当心闷桥"的铁皮标语已生苔藓,心里也记得。东边昌化桥潭子湾一带,饱含了乡下小镇风致,岸上人口大多是习惯了苏北话,间杂上海口音,淮扬口音,上海话夹掺苏北话——这地段向来与苏北乡镇生发最执著,最有乡土情怀的感情,部分船民无须咂辨滋味,粗听满耳凹凸不平音节,细想一想也算是同语同宗了,心里就欢喜,乡音到此根深叶茂,继承代代传承之力,极其亲切,人也就爽快相认个把的岸上黄奶奶、李阿姨几门干亲,结识修车摊老王或大饼店老张——这就是上海工运历史里最著名的潭子湾了,几代移民到上海的第一登陆处,苏北乡人皆知的温情上海河岸,于城乡之间,坚如磐石,也若即若离,早潮时淹时现、大众心里最当然的一块息壤。

音乐

沪西苏州河,紧靠沪杭铁路线与中山北路,是一河、一铁道、一路并列,朝西延伸到中山桥方面才错开——铁路拙头南行,跨越老铁桥,河床则转朝周家桥、北新泾方向,各走各世界。

沿河这一带，船与火车互不相干，也憬然在目——岸上一旦地皮震颤，就是火车临近的征兆了，船民木知木觉——舱板并不传递车轮震动，河床低陷，挡有混凝土防汛高墙，与铁路隔有高低的民房、油毡棚户、杨树、丝瓜架、水塔、沙石抓斗，装粮食、垃圾的行车吊车，火车看不到船，船看不到路基上的火车，船家只听到声响，晓得有了变化——时常是等火车喧嚣奔腾，凶蛮逼近，几乎零距离，隔了棚户冲来，似乎撞毁堤墙，有闯入河中的错觉，船民毫不慌张，晓得自家船队与附近长长的快班货车，齐头并行，只一会工夫，也就远去。尤其是退潮时分，船家看不到黝黑的机头锅炉、红漆动力车轮、喷射阀门蒸汽的管道、司机面孔，车身也让棚户瓦垄、鸽子笼、晾挂衣被、裤袜、鳗鲞、草席、杨柳、梧桐、豆制品厂、中粮仓库砖墙遮挡。无风之日，船家手搭凉棚，望到一股直立烟柱由杂乱黑瓦、爬满野刺藤的山墙头上快速移过，上升、弥散、离开，就是火车的全部影像，假如司炉加大风量，黑烟更黑，带了粉煤屑的烟气漂撒到河面上、水葫芦上、船篷上、船尾破搪瓷痰盂里种的朝天椒上、行灶刚刚烧好的白粥上……不管船与火车并行、交会、背道而驶，永远不相为谋的态度，船队是永远平心静气，只接受慢风景，火车则一蓬烟，负心郎一样快捷离开，世界才有安宁。

到了夏季深夜，火车与驳船的汽笛声，顺正南风可送出十余里，滑入每一家敞开的南窗、发烫草席、居民男女燠热昏黑的梦中——那会生发多少夜车旅客的回忆呢，汽笛嘶嚎和哐当声里，床脚像颓然跌落到了铁轨里晃荡、加速、颤抖，最后就于幻觉中疲惫醒来，看一眼挂钟，摇几下蒲扇，揩汗，吃冷开水、大麦茶……远听的火车鸣叫，是带有心意难平的激进姿态，尖锐的高音区，英武、急迫，也孤傲无奈，集聚为就寝的记忆重点，紧接是低音部，复杂浑厚的船鸣，一种安抚支持的屏障，单双簧管柔和短音，悠扬的法国号开阔而平静，轻度麻醉，交错、回荡，化为了一体，音域多么丰富、柔和、耐人寻味、持久，传播更远、更北，抵达大场镇以北无数的黄瓜棚，栽满"夜开花"、"落苏"、"洋红番茄"的田垄，船鸣宽宏忍让，有如城市的胸怀与静思，通常比火车高音低一到两个八度，最后，终于全部弱下去了，消弭到了更远的水田和革命废除的"联义山庄"碎裂墓碑、柏树丛中了。

苏州河整夜生发城市鼾声，夜航船与夜班火车并不比赛，不为炫耀，船队牵引数百吨棉纱、稻谷或者粪便，吃水深达船舷，蜿蜒于"之"字形的沪西复杂河湾，桅灯闪亮，手提喇叭如梦呓重复，提醒每个舵手与迎面来船，避让数不清的桥墩。附近同方向开行的火车，只装了一腔昏沉旅客、快件行李邮包，反复接近与离别这座夜城，司机一路倚窗瞭望，照例长时间鸣笛，提醒道口值班员，黑白相间的隔离横木落下来，上方电铃叮叮作响，道口值班员是"李玉和"打扮，拎有红色号志灯,徘徊于午夜空无一人的道口中央,期待火车到来。

这时期的子夜,如果立于江宁桥堍北岸的道口,就会发现涨潮了,夜航拖驳裸露于河堤上方,缓慢移动的桅灯滑过潮湿河风,异常立体,附近几辆装满蔬菜的"黄鱼车"正艰难上桥,车主属于有力有胆的草民莽夫,肩膀套有坚韧的帆布带,一寸一寸将沉重菜车拖到桥顶,稍做歇脚,然后半身悬于车外,飞一样冲向桥下的澳门路去,一路迸发出被追杀、被严刑拷问折磨才有的凄厉、非人声的叫喊,这类菜车不设刹闸,无车铃,单靠喉咙发出毛骨悚然的警示——"丝不如竹,竹不如肉",与此同时,总有一两位夜不归宿的路人,附身动物一般踯躅于下坡道旁,待菜车疯狂冲下桥,也就于路灯光晕下,抢拾震落的黄瓜和小棠菜。

夜如此之静,如此黑甜、辗转难眠,如此一刻惊险,如此合理。到了清晨,这一带无数道口的铁道值班员也照样全神贯注——每个道口通向苏州河大小桥梁,火车来时,人车静立于黑白拦杆旁,观看绿兽一样直快列车狂飙而来,卷起一地灰雾……每天一早的日常画面,就是清晨七点正,人人都明白看清楚车中全部乘客齐刷刷站直,路人不由也站直身体——飞快掠过的每个车窗,无数乘客直立的身体,男、女、老、少、高、矮、胖、瘦,僵立的身体,飞过的身体影像,看不到头脸小腿,只是一扇扇的车窗,身体,身体,身体——全国同一时间段,全体乘客收听广播"早请示"时间,乘客全体立正,朝意念中当时的伟大领袖直挺挺致敬,飞驰火车举行全国清早的统一隆重仪式。道口的人群也静止立正,巨大的火车头犹如猛烈捶打钢轨的铿锵表面,一刻不停歇,敲断了气的定音鼓、大锣,哐当哐当一齐擂响,振聋发聩,然后,呼啸远去了,远去了——回应这番如雷电快板的,始终是低音提琴与法国号的和缓情感——附近航船们宽广、浑厚、稳重的低声部。

风景

　　河与铁道旁就是宽大的中山北路,每天早晨,有一长列整洁蓝色卡车、前后警卫车拉响警报,由西朝东簇拥而来,由江宁桥路口折向北去——据称这就是曹阳路桥(旧名"三官堂"桥)印钞厂装载新钞票的货车,每天这个时间,八点半左右在此亮相转弯,于涌往江宁桥密密麻麻的自行车流之间,严密警卫,装满崭新连号钞票的高大车辆,阳光美丽而肃穆,按照民众百姓的猜测,这车队里起码有一到二辆是空车,摆一种样子,里面不会有一张新版十元钞票,由此掩护着真正的钞票车,以防不测,大人物出门规矩,同样是一长列的车队,看不出哪一辆里坐了真正的帝皇……待它们远去,整个十字路口弹簧一样"嗡"地恢复了喧嚣的市声,拭净记忆一般,人车继续朝南涌去,淹没瞬间留下的空白,脚踏实地向前的精神,一天开始了。

运钞车每天从曹阳路桥北岸出发,顺苏州河的武宁桥、宝成桥、西康桥,一直向东,然后朝北转折的地点,就在江宁桥附近,仿佛是纸币厂与铸币厂生发的某种引力,双方于此作一种短暂回眸,这等于冥冥中钞票与硬币一辈子的初谊。江宁桥的铸币厂是上海一条历史脐带(旧名洋钿厂桥、造币厂桥),桥东栏杆一侧,等于一条参观厂区的游览路线,桥上行人无法回避下方这座大英博物馆样式的著名造币厂,此地虽与上游印钞厂同样宁静,也可以想象内里的喧腾——整日吞吐大量耀眼的崭新硬币,发出不寻常的哗啦声,附近住有这家厂的员工,某日收电费阿姨摸出新版白银般的一元硬币讲:晓得吧,这就是新出的一块洋钿(一块钱),不是一角哦。女邻居坦然答道:当然晓得,我每天就是做这只生活——每日每天,阿拉就吃这碗饭,晓得吧,这就是我做的"一块洋钿"。她往往如此自豪。

沪西 W 状的苏州河,是这一带连续几个河湾,它的美丽南岸和北岸,因为河湾曲折呈现的孤岛般左岸与右岸,都是城市背面。如果是在巴黎,将是建立荣军院或者圣母院的地方,而这一带南岸积累的只是厂,厂房,寂寥厂房,时光使洋灰色彩逐渐和顺,上世纪各式砌法的西式清水山墙,檐饰,铁皮水落管,窗台缠枝线脚细节,手造铁栅,搪瓷铁皮路灯罩,厂长室二十年代转椅,沉重笨拙的财务间银箱,都在慢慢斑驳,霉变,腐烂与死亡,隐入到黄昏里。河水流经寂静岸壁,已如天

沪西苏州河紧邻沪杭铁路线与中山北路以一河一铁道一路并列向西延伸·1990

成石崖。宝成桥一带的宽阔河道，两边的厂、旧屋、树，河畔和厂房攀附黑沉沉的爬山虎，都可做沉思状的美景。暮色四合时分的1990年代，如果走上这座人行小桥，可以游历那般凭栏，东面是河湾，再过去，便是西康桥了——前方定然有更多的桥和船，但这头看不到，河似乎流到了尽头，看不见前方流去了哪里，但会听到船就在前面鸣号，看不到船，有时它就拐过来，大马力拖轮，仿佛水下河怪那么突然浮出，冒出高翘的船头，髯口样子分开的白浪，携带柴油引擎巨大的轰鸣，逐渐近来，牵引列车一样长长拖驳庞然变大，终于，眼睛从眺望改为观望，改为俯视，八艘高广的驳船，朝天袒露被掏空的腹腔，死一样麻木，头尾相衔，逐渐成了平面，顺从，蜿蜒，穿越脚下的宝成桥，给观者时光飞逝的感受。

桥南叶家宅的窄巷方向，听到一句邓丽君甜糯的音乐，然后被晚风带走了，小饭店的铁勺叮当作响，吃过夜饭的人家，便是洗牌的哗啦声，本滩的调门，江淮戏的调门。燎原电影院的舞厅就要开始卖票，乐队成员如果家住徐汇，此时应准备骑车出门，牙膏厂的味道从南面飘来，刮西风就是三官堂桥堍造纸厂的刺鼻纸浆味。天在暗下去，武宁桥轧钢车间的出炉钢锭，此刻应该更红更耀眼，河水相对凝结，远看那些点灯静泊、一簇簇的船家，逐渐发了黑，弱小下去，将要被河岸的石壁吞灭；知道接下去的时间，河上的行船就少了。

还没来得及入画，沪西的苏州河，已经褪尽这副熟悉的老脸，以往风景都朝东边流过，流失，不能回头。过去模糊嘈杂，响亮的光，墨沉沉的暗，杂乱的倒影，原以为一直纠缠河岸的平凡和民生，无数大钟样的悬空抓斗，黑铁的指缝遗漏和挤压掉多少时间和年龄。船民给水点，锈蚀扶梯，垃圾码头，粪码头，中粮仓库，棉花码头，"三官堂"桥造纸厂的稻草堆栈，"盘湾里"沙石码头，船家，每夜的灯火，小雨中密盖的草民船篷，船缆，行灶，炊烟，都将不再；这一段沪杭铁路也早已消亡，更难有人记得，当年它曾经的立体感，它凌乱嚣张和它的跋扈。

上文所提八桥，由东排至西列有：长寿桥、昌化桥、江宁桥、西康桥、宝成桥、武宁桥、曹阳路桥、中山桥。

琴　心

他初中毕业,查出两眼"视网膜脱落",医生说,很可能失明。因此他打算学琴。

邻居的毛老师,以前教过音乐,之后下厂劳动,早已不拉琴了,有一天,毛老师听他说完,脱下他的眼镜仔细看了看说:唔,眼神黯淡,目大无光。他低下头。毛老师想了半天,最后同意了。

毛老师拮据,标准酒鬼,深度近视眼,三伏天顶一块湿毛巾,走八九站路上班,省下车钱买醉,冬季吃上海"绿豆烧"、七宝大曲,夏天改零售"加饭"、散装啤酒,一直关心时局,有次到杨树浦,看见"工总司"攻打"上柴联司",回家就发烧,反复胡话:"……开枪咪!开枪咪……死脱交关(许多)人!死脱交关人!"——其实这是"联司"工人造反组织强力弹弓齐射的现场效果,10 mm 六角螺帽"弹"如雨下,打得电线杆火星四溅。

他就这样做了毛老师学生，他的手指粗，眼力差，但耳朵好，逐渐顺利入门，有时琴声久不再响，这是他认真抄谱，夏天的中午，蝉鸣让人昏昏欲睡，他捏了一根牙签样的小木棒，蘸黑墨水，先是点了十多页的五线谱，然后钢笔勾连，抄得飞快。

两年中，他的眼病没有恶化，下颚被琴托磨出的疹子也已平复，也可以像毛老师那样修理提琴了——铁匙探入琴板的f孔，调整音柱位置，仔细注意音色，揭开琴板再重新上胶——毛老师说，即使以后他做了瞎子，也有口饭吃了。

当时他的同学已陆续离开上海，做了下乡青年，只有他仍然靠父母生活。听到隔壁师娘常为五分一角酒钱和毛老师吵架，每个字都相当清晰，他有时就立在弄口路灯杆附近，等毛老师半夜下班，等老师走过身边，他就出现了，拿出一个装"土烧"玻璃瓶塞在老师人造革包里，立刻离开。

他在最后那个晚上，拿一瓶"上海"黄啤，呆立在弄口，等毛老师下班，却久久没有等到——那一夜毛老师再没有回来。

他第二天知道，毛老师死了。

那一夜，毛老师下了中班并没朝家走，直接上了附近的沪杭铁路。天上没有月亮，但周围有依稀的灯光，夜风相当凉爽，毛老师独自在两条铁轨之间慢走，过了不久，就被一列快班火车撞死了。想来这是一种快速自杀，毛老师也许被撞飞，四散开去；火车司机不知不觉，笨重的车头不会感到任何阻力和异常震动——这起事故是在两小时后,让一名夜班巡道工人发现的。

毛老师没留下一句话,就这样不见了。

他寻到了那条冷清的铁路,是在3天后的事了,那一带的路基四周都是围墙,厂房,树,看不到任何痕迹,路边蒿草和落满灰尘的野姜、低矮灌木、攀附植物,以及篱笆、道砟上方的晴空、整齐笔直的铁道,野蒿气味浓烈,蜻蜓飞舞,静下来就是"油葫芦"、"棺材板"的叫声,铁轨反射耀眼的阳光,穿越显露出烟囱和水塔的城市,延伸到了远方,在颤动的热气中,伴有嗡嗡耳鸣。

他走了一段,蹲下身来。

苍蝇低飞,道砟和道钉之间,有一团东西,模糊的块状物,道砟大小的一块,一团,石头样子,却没有棱角,一种黑褐色、亚光的软物,表面脱水,刚才他踏了一脚,现基本恢复了原样,有液体渗出。

曾经是生命的一块肉、软组织,死亡的一个局部。

这肯定是毛老师一部分的身体。

他的日子缓慢流过,以为眼病会因毛老师事件加速恶化,但没那么糟糕,视力仍然维持原来状况,他继续练琴看谱,只是渐渐不再热衷了,三个月后,他正式放弃提琴。

他知道不能再多看书,改听唱片。毛老师走后,师娘就送来一架发条断裂的手摇唱机，翻开唱机盖，内里嵌有一面圆喇叭，很是少见。他看了看发条，知道无法修复，最后仔细擦亮了盒盖、盖内的圆铜盆喇叭，机身涂了鞋油擦亮，搬到闸北虬江路的地摊里，换来一架电动老唱机——应该是1949年前中央商场倒卖多次的美军物资，虽然整个唱头有损，变速开关损坏，还是设法修好了。他从此常坐在破沙发里，摘下眼镜听唱片，他心里知道，这也是失明后日常生活的写照——为此收罗了不少胶木唱片，包括弄到了一套日本1933年版"贝九"，一整册4张，都插在刻花木质活页内。

他在这段时间忙碌而平静，以后得知一个同学收到了东北下乡通知书，不由从沙发里坐了起来，他还记得当时的样子，唱片在转，窗帘拂动，外面小雨淅沥，他沉默一会，决定跟同学一起走。

城市青年响应当局号召，自动迁离上海户口的举动，在当初一直是最时尚、也是最无奈的行为，深得里弄干部夸奖，立刻颁发了大红花，并附加了敲锣打鼓到车站欢送的最高礼遇，包括领取一套免费绿色冬衣。

当年上海的鲜亮街景，就是此类少年人，手捧整套绿棉衣裤，在家人簇拥下绽露几分自得之画面——整个社会记取和激赏这阵阵的新风气，马路这边，一伙捧衣人往西而行，马路对面，三两个少男少女，各抱一叠绿衣东去——他们都把这捆衣物搂得很紧，因为这是一生中最不平静的选择。

不久之后，他便站在齐齐哈尔以北300公里的土地上了。

这地方曾是大型劳改农场，改换牌子变为普通农场只有一年，内部遗留大量"刑满释放分子"，人称"二劳改"——事实也是"第二次劳改"，或"劳改二"——一直处在监督生产"劳改"中。

上海北京过来的青年，每天跟随他们上工，没有尊称所谓的老师，最高统帅指示"接受贫下中农再教育"，这类长者却属于被监督阶级，唯一的作用是告知劳动要领，辅助完成青年人剩余生产指标，青年们早起列队锄草，"二劳改"裤腿已被露水打湿，静立晨曦的田头恭候多时，如何握锄，认识豆秧、如何剔净苗间之草——提议各人裤带上悬一铁片，时时可刮去锄口湿泥，也就不累手腕。待等年轻人下田割麦、玉米、大豆，他们仍然早早于地头恭候，教授如何磨刀，如何割倒、捆扎、码垛，一一仔细讲解。

因为眼疾，他铲坏了几十条豆垄，后就被调去工具房劳动，跟一个叫老杨的"二劳改"学做镰刀柄。老杨讲南方官话，事必弯腰谦恭，言必称"您"。环境安稳，几天后，他就把上海带来的唱机搬到了工具房，先听《沙家浜》塑料密纹唱片，唱盘从早到晚转个不停，老杨对此无动于衷，默默造了一个木架，放两个装干草的麻袋，成为一座北方泥土气的"沙发"。他经常坐这两个麻袋之间，心情见好——老杨给他煮羊肝,这是"明目"的土方。他脱去了眼镜,身体陷在麻袋深处,锅里冒出羊肝特有的香味,附近就是牛栏——如果倾听《田园》"雨后天晴"一章,背景就带有了附近牛哞的回声部。

他发觉老杨喜欢音乐,是某夜到工具房取东西,发现屋子很暗,唱机在转,音量调到最低,那是《降调夜曲》的乐章……老杨坐在"沙发"里发呆,然后羞涩地站起来。

工具房有音乐,喜欢乐器的青年闲人也就流窜到此聚会,这伙人里,他最心仪的贵客是外农场赶到的"白毛",意即"少白头",上海人。

白毛随身带了一把吉他,俗称"白皮琴",通体淡米色,琴腹和琴背竟然有大提琴的弧度,而且双 f 音孔,镶嵌银丝,紫檀螺钿指板——一般吉他都是平板琴体,深色,正圆音孔。

他立刻迷上了这把琴,但是有一天,白毛忽然就走了,是一走了之,从此不再回来——白皮琴是白毛的标志,白毛必带着它流窜各地,混吃混喝是白毛的命。

素来谨慎讷言的老杨,当天拍拍他肩膀说,没关系,可以自己做一把,这琴可以做,按提琴标准做。

都知道提琴的面板,必是用无节疤的直纹白松板,背板照例是红桦,两块对接,横纹图案就是俗称"虎皮"。这两种木料和木纹的要求,地理上都属欧洲概念,东北所幸出产这两种木头,符合要求也难上加难:1,必须是自然干透。2,普通白松板一般有密集节疤，极难觅到素净的。

结果老杨在一架破房子的大梁上，发现这两种老材料，做出记号，让他带了人和锯子趁夜秘密拆下——对于搞破坏，老杨从不动手。

老杨制琴的步骤（土造琴身）——两侧的 B 形侧板等等全记录：

预做两大块的"凹凸模具"——取一整块厚木，用钢丝锯出 B 状曲线，也就是一对厚厚的凹凸木模。

薄板先刨光，泡入食堂大锅里煮软，趁热放入凹凸模中，夹紧绑实。

数周后解开绳子，侧板曲线已定，另一侧板也如法制造，然后两者对接，固定成形。

琴面板和背板，隆起弧度都取之厚板材，用扁铲雕出，保持平均厚度，包括仔细在面板上开出双 f 孔。

整体用鱼鳔胶粘结——安装音柱，雕成的琴头——过程漫长。

这年冬季，农场开展文艺排练，也就是他和其他青年们凑成的一个特别组合，聚于革命委员会的空房，老杨给他们烧炉子。

这样的夜晚，温暖热闹，西洋乐器，包括手风琴，中国笛子、月琴、高胡、二胡混合一处，排出简易 N 版的《红旗颂》,管弦嘈嘈切切,逼面而来。老杨佝偻身体立于一侧加煤烧水,闲人也过来看热闹,喝茶磕了瓜子离去后,留下他们排练。

戏剧性的发现,是在第二天深夜——排练进入最后的间隙,烧火的老杨忽然直起腰板称赞说:好!交关好!霞气好!

"交关","霞气",上海话"非常"之意。众青年仿佛见到一只昆虫直立起来,很是吃惊。

你讲什么?老杨!你讲啊!

……上海话。老杨说。

……我上海人。老杨说。

"啊,你就讲上海话,不要紧,讲好了,以前做什么的?讲上海话吧。"

……我。老杨羞涩说,……我老早勒浪工部局乐队,拉了几年"凡娥铃"……我以前在(上海)工部局乐队,拉过几年小提琴。

"勒浪":沪语"在"。"凡娥铃":上一辈对小提琴的旧称。

寒冷温暖的夜,竟然有这样的问答,像是发梦。

某上海青年吊足精神问道:就是讲,老杨是老上海"洋琴鬼"啰?老懂经?"老举"(老法师)?

——是是。

"洋琴鬼"——沪语:西洋乐队乐手。

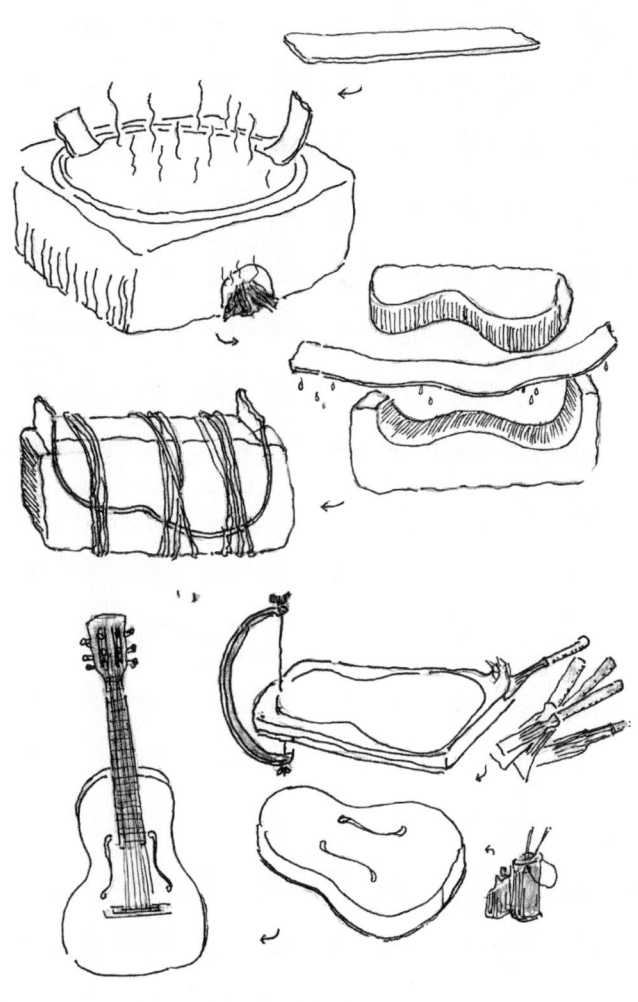

"双 f 孔"吉他自制流程·1974

"老懂经"、"老举"——熟练的专家、老手之敬语。

《红旗颂》顷刻间消弭殆尽了,城市青年的优越自得,改为谨慎与惊讶——关于过去的时光,过去的音乐,过去的故事。

——旧上海,老杨一定开心吧?

——是是。

——开心啥呢?

——每礼拜要出场,勒浪"兰心"大戏院,晓得吧?指挥的名字?已经是上海人指挥了,叫"黄的",上海话就是"黄跌",真就这两字,怪吧?指挥一定是自家取名,有腔调。

——后来呢?

——后来呢?

后来?老杨尴尬说,后来,后来就是日本赤佬进来了,租界取消呀,后来我就逃到苏州去,卖脱意大利"凡娥铃",这是老故事了,现在不值铜钿(不需要提了)。

意大利琴啊,苏州啊,租界啊,现场七嘴八舌。

之后众人再排《红旗颂》——老杨小心翼翼,指一指哪一位音不准,哪一位谱不熟——老杨说,指挥最不容易,再好的乐团,全靠指挥,天天演出就会好一点……

指挥是个容易脸红的上海黄浦区胖子,一叠声低头称是。

也就是此刻,一个农场干部忽然推门进来,就在门动一瞬,老杨佝偻了身体,立刻矮下来了,他有感知,全身蜷起,像蝴蝶退回蛹里，非常迅速，改变样子，成为一个老农，是他一种麻木，一种熟练的条件反射。老杨用炉钩子不断弄火，变成原来的老杨，谦恭，一无所求。

后一年春天，农场大兴水利，众多"二劳改"被征调而去，老杨也行进于长长的队列之中。出发时老杨说，最多三个月就一定回来了，一定会尽早回来——那把仿"白皮琴"做到最后，事情最为繁琐，刷十数遍的虫胶漆，打"蜡克"，手做琴马，做指板嵌线，做弦钮，都是老杨想做的。

他就这样一直等老杨回来，已托人到哈尔滨买了六根琴弦，但是最后，这把白皮提琴风格的"白皮吉他"还是没能做好，一直白生生挂于土坯墙上。老杨再没有出现，再没有回来。直到最后，白琴被尘灰蒙盖，变成淡黄色，深黄色，挂满了蜘蛛网——老杨再没有消息，不知去到了哪里。这支属于老杨的"二劳改"队伍，从此也再没在农场的黄沙大道上出现过。

上海人困觉

上海话"困觉",即书面语"睡觉"。

当年无数上海小青年,遵命发送到几千公里外的北方生息,每一夜"上炕",就是"上床"——当地人讲,某女上了某某的"炕",也是同一种意思。

东北野生一种四句子小调,意境生动,一荤三素,比如说"四大红":小庙的门,杀猪的盆,大姑娘的裤衩,火烧云;"四大欢":风中的旗,浪里的鱼,十八的姑娘,叫槽驴。"四大香":开江鱼,下蛋鸡,回笼觉,二房妻。另记得一首"四大累":卖大炕,和大泥,扛大木头,脱大坯,其中三条讲人世的苦役,所谓的"大炕",难道是大床吗?怎么个卖法?南人是莫名的,后晓得,这是指旧时期妓业,如按照字面直译:"卖山有供暖功能的砖砌卧铺",完全不合。

非常的年代,处事常常欠周,记得有一回众青年紧急集合,各人领了可维持几天的干粮(咸菜加窝头,一窝头眼里塞一块咸菜),直奔大兴安岭灭火,可怜这一干人马在山中瞎转整日,漫说火灾现场,火星子也扑不到一颗——林火往往鬼使神差,"火头""火身"来去无踪,甚至贴近了树顶掠过,迅若飞鸟,或总是在远方燃烧,让人捉寻不定,等到了天色擦黑,一上海小青年突然跌足道:啊呀呀,我夜里哪能困觉?!

晚上怎么睡?上海小青年心神不宁,来北方之前,他们睡上海地板、草席、竹榻、棕绷床、藤绷床、折叠床或者"席梦思"。文革初始,席梦思当作资产阶级方式,一件一件拖到弄堂里开膛破肚,记得看到了剥开的一件,内里并没有通常的弹簧、鸭毛、棕丝或棉絮,100%的旧稻草,尘灰四起;一参加"造反"的工人阶级说,咦?在我老家拉块,我苏北乡下拉块,最穷的小瘪三,也铺新稻草睡觉呀!

还记得1970年随一伙人坐长途马车,飞雪迷途,在黑河附近某"大车店"借宿——那是赶车人的低等客栈,人人驾马车、马爬犁(一种雪橇)而来,吸手卷黄烟,饮土造草籽烧酒,炕前是自家马鞭、笼头、套包,甚至进城必备的马粪袋子,南北大炕睡二十多号人,店家提供的被褥一概是黑色——黑布褥子、黑布被面、黑布被里、黑布枕头,黑得油光瓦亮,苍蝇滑脚,不知留有多少人脂人膏。就寝程序是,大家都脱得精赤条条,上炕后仔细抓一遍虱子——屋外气温降至零下40度了,热气由黑褥子传上来,多温暖宜人,也多么浊气难挨。众青年半坐半倚,群猿一般看样学样,仔细做自我的检查——

记忆·1969

原以为被子黑，虱子白，抓虱非常容易，其实很难，黑褥黑被之中，向来见不到一只明显的白虱，只有密密麻麻的黑虱——这种小虫自动变色，爬入棉毛衫，米白色；钻进蓝布短裤，蓝灰色；隐匿在黑布的折叠处、针脚处、线缝处，黑色。

半醒半梦，烟气，马汗气、马粪气，扪虱之毕剥声……近铺的两位车老板热得兴起，裸体立于煤油灯下，仿东北二人转某折，一饰女角，一饰本色男，前者摇扇（手巾），后者相随。女（喜气状）唱：咱呀有泡尿啦。男：那我就紧跟着啊。女：紧跟着我就不尿啊。男：不尿你就憋着啊……二人云步，扭身扇扇，哼唱过门调，重复颂歌……

——不知今夕何夕。

青年宿舍向来有轮值的制度，睡前烧热火炕，可是人心不稳，每天烧烧停停，使这一铺固定的砖砌睡具时热时冷——如果值日生有兴致，忽然谈上了女朋友，炕洞可以架起碗口粗的柞木劈柴，烧到火膛子发白，炕席和褥子焦黑冒烟，人人赤膊行走；值日生情绪欠佳，赌牌输光，病倒，大家也就干挺着，宁肯睡凉炕，东北形容年轻人有活力——"小伙子睡凉炕，全凭火力壮"就是，年轻是最大本钱，人人套着棉袄棉裤、棉鞋、毡靴，戴上口罩、大皮帽子入梦，一早醒过来，室温低至零下30度，人人头脸不敢动弹，几同僵尸——满眼、满胸、满炕，起伏逶迤，覆盖白茫茫的厚霜，帽耳、领口、睫毛、胡茬，凝结冰凌，四壁雪白，晶莹剔透——整夜整夜的呼吸吐纳，形成了玉琢粉雕的冷库奇境。

上海小青年位居京、津之南，初来几千里外的北方，四天五夜旅程，整列整列火车，整条海轮吞吐成千上万一批又一批16—18岁年轻人，吵吵闹闹，哭爹喊娘，到达北方省份黑龙江嫩江，是遵循了最高统帅颁布的法令（简称"最高指示"），表面足可以热情激越，实际接受了最为严厉的户口新政——人人必须限时签离上海户口，凭一份"准迁证"，可采购一床棉胎、被里、被面；得一张"箱子票"，可买回一口装有西式把手的中式箱子。大部分小青年都是带自家的旧被、旧箱笼出发，被子差别不大，箱子林林总总，例如广漆生牛皮旧箱子，软硬不一西式大小旧皮箱，"樟木箱"最防蛀虫，黄铜箱锁扣，黄铜包角；一青年朋友运抵嫩江县的，是一口黑漆黑棺材般的大铁箱，是祖传之物，还是小职员父执的帮忙，1966年抄家狂潮中觅得？另见识到一座镶铁件的厚板大箱子，说是汇丰银行遗弃的钱箱，上海中央商场"冷摊"货色，原配铸铁钥匙，开启发出铁器刺耳的回声——苏联电影《红帆》甲板的那种藏宝箱吧？箱主人因此别号"海盗"。

在我记忆里，京、津、哈尔滨青年带到的箱子，一般是"半开盖"传统板箱，与嫩江当地农户的主体摆设差不多，部分小青年只带一"铺盖卷儿"，几年后自钉一口板箱子存放细软。

动荡的1970年春，记得某上海小青年不知出自什么原因，以太平盛世乔迁之喜的精神，随车快件托运了一件丝绒面子的单人旧沙发，共同到北方参加"生产劳动再教育"，待等拆开了包装，也就是立即为他召开了一次"现场大批判"会，这件臃肿的坐具顷刻间被没收，成为某分场"革命委员会"接待室的公产。

细节是细微的时代史，私人具象的生活流水账，关于睡觉，我记起当年登载黑河地区嫩江县的"上海日杂用品目录"里，确没发现一张上海"棕绷"、"藤绷"、"席梦思"，但见过上海式"床头柜"（上海话"夜壶箱"）和"被头橱"。这批青年人物到达后的半年，上海长途慢件托运过来的，有旧写字台、旧五斗橱、镶镜"面汤台"、"骨牌凳"、传统木制马桶、搪瓷痰盂、广漆澡盆、脚盆……再过个一两年，青年人物们探亲也带回了留声机、落地灯、旧唱片、三五台钟，甚至偏30度运转美式"胜家"缝纫机，其他还包括了旧"华生"电扇、电熨斗、电吹风、烫发钳、大小提琴、吉他、单、双簧管、长笛、旱冰鞋、火油炉、刀叉、咖啡壶、"法兰盘"（煎锅）、砂锅、罐装"上海牌"咖啡、可可粉、麦乳精、鱼肝油、"梅林牌"猪肝酱、午餐肉、金华火腿、广式香肠、面包粉、通心粉、醉蟹、醉蚶、"大白兔"奶糖、巧克力太妃糖、花露水、金银花露、爽身粉、"扇牌"肥皂、"固本"肥皂、蛤蜊油、蝶霜、"龙虎"万金油、咳嗽药水,"飞马"、"大前门"、"牡丹"香烟,等等等等,对于1969—1975的嫩江乡下,无疑都是天外之物。如此"一家一当",啰里八嗦,点点滴滴输出部分的上海生活精神,是因为五千里路的遥远与焦虑,还是其他?一时一地,虽沪语同样也鼎兴嘈杂,总也掩盖不住洪亮北方话的批判。

多年之后的1978年,"大返城"阶段,这一批老大不小青年人,同样也是吵吵闹闹加入回城大潮,期间嫩江火车站发生过一桩奇事,车站工人搬动一件发往上海的慢件行李,一个包裹严严实实,沉重异常的上海式"被头橱",500-1200-900尺寸,搬运工一个闪失,外包装麻绳、草包全部破裂了,橱板同时碎散,金黄色颗粒物迸发汹涌,瞬息之间布满了狭窄月台——整整一口旧橱,居然装满了限购的本地粮食特产——"东北一级大豆"。

"被头橱"是上海人摆放被褥的一般家具。黑河居民习惯是把被褥叠放于火炕靠墙一侧,一式一样的大红布被面,本白布被里,或青布面,细密小针脚缝就,不易拆洗,枕芯材料是麦糠、高粱皮、燕麦皮等等,从军背景的人家,炕脚叠起一片草黄颜色,更为简洁。属于纺织业"半壁江山"的上海,普通小市民阶级带过来的铺盖,到北方都是"可批判"对象,"木棉"枕芯,工业印染被面,包括绫罗绸缎质地,被单床单的纹样也各不一样,缝被方式是江南样子,宽大针脚,便于拆洗,包括缝有毛巾的"被横头"——多么琐碎奢侈。

某男青年的被子,是精制天鹅绒被面——上海某纺织厂为某国要人特别织造高级礼物的处理品。他初到北方,夜里准备困觉,抖开他被子,等于抖"古彩戏法",镂花错金,夜空繁星闪闪,夺目璀璨。现场一肩挎红色塑料"语录包",穿"扎杠"棉袄(苏俄式棉袄)的富拉尔基(齐齐哈尔郊区)小青年,即刻上前质问他家庭出身——当时流行的政治习俗——官僚资本家出身?还是一般的地主富农成分?他警觉答道:100%上海工人阶级,三代纺织工人出身,一直被国民党买办反动阶级、日本纱厂老板剥削的革命劳动人民出身。问者只得颓然退下。

从这夜起,"高级被面"消息传播飞快,本地连队指导员娘子得知以后辗转难眠——结局是可以预料到的,为更好接受"贫下中农思想再教育",本客双方不久便以各自被面入手,做了诚心诚意的一对一交换。

南北生活在那个年代,显示出突兀的某种深度磨合,江南"衣被天下",蚕丝品质的丝绵被,丝绵袄,属平常之物;笔者祖籍是上海附近的黎里镇,几百年的面貌就是,哪怕镇上最穷困潦倒的瘪三乞丐,也铺盖丝绵被子,穿丝绵袄裤,不吃死鱼死虾,是物产如此,满眼桑田,满湖鱼虾的原因。丝绵品有自身麻烦,每年要"翻"松,才有保暖效果,因此每年要拆开丝绵被，丝绵袄裤，"翻"松再纻缝，上海过去小康人家，都愿意请苏、浙籍贯妇人帮佣，也因为只有她们才懂得"翻丝绵"，知道丝绵的脾性，不是地域或"阶级感情"原因。

南北共处，每晚"上炕"集体"困觉"，一个不小心，被窝之间就有纷争，一句不顺耳或对方一个玩笑，一把虱子投过来，或只做一个姿态，就可以让上海小男人举灯一个好找。有一老实闸北小青年，特别珍爱自家被褥，近80号人混居的空间里，难有私人地盘一说，但他回到宿舍，就坐守于自家铺位，阻止他人在此喝酒聊天打扑克，果然有一天，他的宝贝被窝里出现了一堆新鲜马粪，他只能拆洗晾晒了事，没几天被褥又失踪了，是扔在附近茅房的棕黄色粪水里沤着，宝蓝色葛丝被面都被镰刀割破，于是这上海小男人大放悲声——原因是，这床被褥曾是他母亲陪嫁，他来北方不久，母亲就过世了；他的被褥，几乎就是他的母亲。

北方生活，对某些上海人讲，就是如此的不合适，不如意。某军队文艺团体当年到农场演出，有一小战士特别卖力，全力卸车，搬抬道具，拉电线，装喇叭，忙得汗流浃背——他私下说，整个演出团队就他一名上海兵，因此必须"脱胎换骨"，卖力做一切事，不这样做，他就"完结了"——我不知"完结"有什么更具体的涵义，他没有回答，只是羡慕，羡慕我，羡慕农场环境，因为他已发现，前来的观众都是大群自由游荡的上海小青年。他告诉我说，昨天穿了一双花尼龙袜子，受到班长的严厉训斥，令他脱袜子写检查——唉，我总归上海人呀！他叹息了一句，扛起一大卷帆布，快速离开了狼藉的舞台。

一直记得另一上海青年阿弟，集体大宿舍的一分子，眉清目秀，勤快过人，喜欢做菜，洗衣，特别能照顾人，开始的半年里，很多人都得到他的好处。

但在第二年夏天的流言中，大家都发现了阿弟的异常，他一直是在被窝里换衣服，不和大家一样脱光了公开擦洗身体，不和大家一起在地头公开撒尿，进而发现，他是柳肩，胸部颤动隆起，腰股好看，走路姿态和所有男子总不一样，细看过去，阿弟愈发唇红齿白，嗓音尖细，搓洗衣板的手势，极为灵活娴熟。上海人向来少管是非，面对阿弟即使有更多疑问，通常是"自管自"，每晚自顾睡了，不直视他，不给他脏衣服洗就是。

同室某个北方青年人物，粗犷乐观，酒量过人，有一夜他喝高了，忽然就把当地一婆娘拦腰抱住，扛起来就走。那婆娘咬紧牙关，闷声乱蹬，好不容易被大家抢下来——她是富农成分，才没惹出什么大祸。后来那一晚，他很早就上炕睡了，9点，农场发电所照例变换了引擎的挡位，灯泡3明3暗，这是熄灯信号，于是大家上炕困觉，灯完全熄灭，月光由窗外静静铺洒开来，不知为什么，这青年人物就醒了，精赤条条跨过了十数个铺位,钻进阿弟的被窝,大家都听到他在阿弟被窝里折腾,嬉笑不止,也许他早就嗅到了阿弟的异味,盯上了阿弟,最后阿弟迸发出尖叫,有人举手电筒照去,众人一时间都说不出话来——拥坐被窝的阿弟,汗衫已被扯破,酥胸半露,在蛮力搂抱和纠缠中,阿弟完全是柔弱女人的姿态……

阿弟原名阿娣,上海特有的女性名字,十五岁前一直是少女身份,1968年中学毕业,得出性异常的体检结论——半男半女性征,上海话"雌匐雄",官话"双性人"? 在那个粗鄙时代,医生请阿娣父母决定性别——做男还是做女,决定后就不宜再改,有利于性心理稳定;阿娣最终被父母定为男性——流行语"只生一个好!"其实也暗含"生一个男孩好!"就这样,阿娣剪掉两条长辫子,剃一个平头,花衣服送给了表妹,她的名字一夜之间去掉了女字,成为"阿弟",她曾是上海弄堂里结绒线、跳橡皮筋、踢毽子的佼佼者,洗衣服做家务一把好手,自这天起,她停止了这类活动,不再去女同学家聊天;并且不随同学下乡,与外区学生迁来北方,也许是无人管束,爱做家务的习惯在无意中慢慢恢复——按现下的说法,阿弟属于生理异常,却得不到任何尊重和保护。

也许真正的选择,真正的机会,是等待某个男性鲁莽前来,只有他才能敏感到阿弟50%的荷尔蒙,才可以酿为一种结局。

也就在第二天,阿弟被连队长叫去谈话,从此再没有露

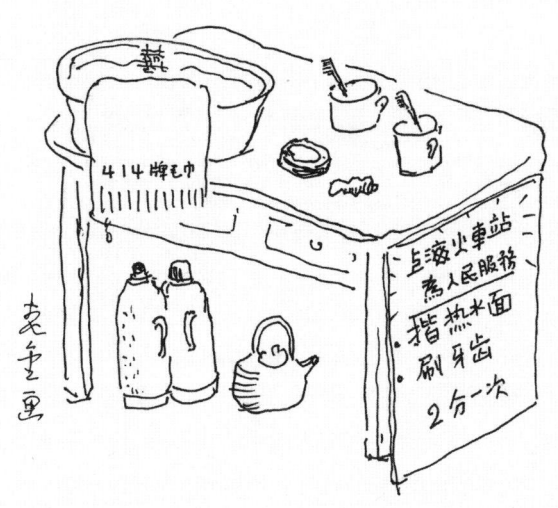

上海北站·1964

面——据说等大家出工的阶段，"她"整理了物品就被调走了，听说是调去很远的一个分场，还是别的地方？从这天起，听说"她"真正改用了"她"的人称词，终于跟女青年们一起生活了，她返回到女人，再不回到男人中来了。

很多年过去了，大家一直执著记得阿弟，有人遇见过她一回，话了不少家常，甚至拿出她少女时代几张美丽照片来看……传闻应该是真的，也许是想象和补充。命运与性别，真实与戏剧，对这群曾经的青年人物来说，都是"革命"男女的某种启蒙，使他们对"困觉"有更复杂的记忆，伴随更深远的影响力——他们以后首次面对真正女性，是如何感受，如何的印象，已经不得而知。

那个长夜，在人们就寝之时，月光铺开的北方大炕，凌乱棉被和阿娣的线条，紧嵌在人们的记忆里，一直是深刻的。

看　澡

很少去浴场，那天是带孩子去，出好多的汗，孩子大了，有点不好意思和爸爸在一起，我躺在脉冲热水池里，不再管他。温度合适，有一段时间，简直想睡过去，很多裸体男子在我面前走过，静静看着这些身体，不由想象属于他们各自的女人，男人的细节，虽都那样不同，但在我眼里，实在毫无美感——他们身形不一，也大致一样，女人怎会一一接受他们？这是瞬间的想法。对于非同性癖、非人体画家的男人，实难去发现同性之美——包括这林林总总黄褐色躯干，黑色毛发以及蒸汽，粗重的雄性的声浪……男人们只在观赏雄性动物，比如一匹公狮，即便是如何角度与心情，无论是仔细或匆匆的一瞥，应有一致的结论，雄性更美，经验就是这样，任何禽兽都是雄性漂亮，看视同性之男，除却了米开朗基罗，面对这些线条与身姿，应该不以为然——男人当以全部的感知，倾重于女体之美——经典的出浴图，作者都是男人。

相对而言，女性看待雄性（女性主义另议），应该不会如此扭曲，无论观赏男人，或者观赏公狮和其他的雄性动物，都会产生客观的同样的视觉。

另外可诧异的，是为何自然界的雌性外观，都比雄性逊色？雌者身形一般都低调，鸣声暗哑，毛羽接近环境色，那应该是造物为繁殖设置的安全屏障，雄者历来是保持了夸张的外观效果，公狮鬃毛稀疏，也就失去了种群。非洲公蓝鸟，外形顾名思义，毕生的任务是罗致收集蓝色物体，蓝花，蓝色石头，蓝色塑料碎片，辛勤装点鸟巢，吸引雌鸟眼球。

原始部落的男子，一律也花哨打扮，习惯以动物的华彩翎毛，矿植物丰富颜色，纹身刺颊，秉承美学的永恒原则来装点自身。只到了人类的发达社会，女性开始倒错阴阳，转换到雄性动物的外观特性——难道不是吗，整个男子社会启动了女性的装饰美学，使女性们很自然地借鉴了包括雄鹿、雄孔雀那种注重外貌，顾影自怜的性格，女高音歌唱者，完全是公开坦然接受对她的赞誉——她自己肯定也承认，她拥有了百灵鸟般的婉转歌喉，她已经不知道，世界上只有公鸟，才会生发如此华彩悦耳的啼啭……

新近去买两条斑纹热带鱼，店主对我说，我如果喂进口鱼食，雄鱼就会保持宝蓝色的光斑，十分美丽，雌鱼再食，也不会美丽，这是睾丸素作用。

然而在当下，在古代，一切的一切的现实中，囊括了天上飞的，地上跑的，水里游的，属于雄性世界的，无所不用其极的夸饰手段，包括女用香水（可取自雄麝、雄麝猫、雄香鼠的性腺），神奇激素的全部霓虹，都装饰作用于了女人，也就是说，在不知不觉的数千年里，女人们早已欢愉纳入了雄性美学的范畴；包括女画家和女作家，都已然热衷自觉用颜色、用文字描述女性的美丽裸体，她们都具备了本该是男人才有的坚定鉴赏异性的视觉敏感——这都使有心者意味深长。

常识显示，男人和鸟兽，应该是早就脱净干系的，有意思的地方是，目睹那些幽默，口吐莲花，缠绵求偶的男人，包括《一千零一次求婚》男角，继承了没日没夜歌唱的杜鹃、相思、百灵鸟的执著精神。霸道狡诈、顽强、精力无穷的男子，仿佛就是土狼、豺狗、澳洲的公蝙蝠。体面斯文，有权威，身影伟岸的成功者，是公北极熊，公虎，公非洲扭角羚，公爪哇大蜥蜴风范。前面提到蓝鸟，还有非洲织巢鸟、土拨鼠、远东水獭，如同炫耀财富的男士们，习惯收集各种豪华闪耀礼物，营造安乐窝，用于迷惑异性。特别要提到雪貂，它象征了当代社会中稀有的洁癖男子，记得以前我住的房子，正对前一栋三楼的北窗，屋主是最具代表的一位，每天数次用白毛巾擦地板，桌子，板凳，阳台栏杆，这种性格，一定会吸引有同好的女性，但古往今来，这类男子必比寻常男人有更多的困惑，这等于猎人知道的动物品性，比如捕获雪貂，就是在它的路途上，遮挡肮脏之物，它特别爱干净，会乖乖地顺着干净的设计路线，最后跑入一个铁笼里去……

此刻我已躺不住，满面是汗，经过桑拿房，在水池里坐下，桧木池、人参池，然后在大镜子盥洗位前，洗头洗身，面对身体，一遍一遍，有点无聊。环顾四周，年纪不一，高矮胖瘦的男子们，素面朝天，声色各异地刷牙、剃须、擤鼻、濯足、篦发，可联想城市各个私密的清晨和深夜。然后出来，服务生帮助擦干，套一身浴场的衣服。此时看到孩子了，坐电梯，到上一层的休闲场所，满眼是浴场统一衣裤，蓝条纹的男女老幼，像是省级监狱放风，精神病院的活动客厅。我们在这特殊地方吃了晚饭。

记得曾在这地方，碰到一帮过去单位的男男女女，拉我一起喝酒，才知他们一下午是在这里看球赛直播。附近还有一个三代同堂聚会，摆一座大蛋糕过生日，统一衣裤的七大姑八大姨，呈现一种异景，仿佛穿越到了某个理想国，全城子民全都失却性征——女人明显不保持外观态势，不佩戴胸罩，男女一样的拖鞋，在广大空间里走动，或在我最近的距离坐下，没了以往的依仗，空气里出现了一种不适，懒散，百无聊赖的气味，等于群居时代、外星世界影片的内景。一对一对中年夫妇，手拉手闲游，等同于身披睡衣，刚刚离开了床榻，或是我误入了他们卧房的过道。

这种单调的场面，可联想1970年代的国人服饰，一律

"蓝蚂蚁"场景，有专家研究说，当时城市美女极为稀少，单说说那时期的女影星，完全不及民国时代漂亮，可如今呢，说起来每一年每个人周围，都涌现了大量美眉，美女无处不在，雾月镜花的，经得起细究么，结论就是——如你是在1973年撞见一大美女，惊鸿一瞥，那才属于真正意义美女。反对者说，这根本不可能，那时代的衣裳，尺寸等于是大面口袋，三围不明，只凭五官，怎就能判断真正意义美女呢，不可能。

想到澡堂的男人女人，鲁迅给仙台友人写的信，同学佯狂，或登高而窥裸女。《伊豆舞女》的一节，千代子和薰子姑娘邀请川端洗澡，千代子希望能仔仔细细给川端擦背，似乎无男女距离的特别，但接下来，薰子与川端面对面下五子棋，薰子过于专心，头发差点碰着川端的胸口，她立刻脸红着跑开了……这一刻，场景恢复了亚洲女子的通常样貌。

江户时代式亭三马《浮世澡堂》，这类环境成为民间交流的平常之所，也不见男女打情骂俏记录，只是嘲笑了不懂洗澡的西部人，错把别人的兜裆布当手巾用，这方面的描述，除浮世春画的题材，澡堂的东家，一般只是坐于高凳，看视男女更衣，让我忆起1970年代上海的公厕，都是由妇人所辖，男女两室之间留有窗棂，妇人端坐其中出售手纸，允许她左右张望。

除夕的上海 · 1973

我只是记得在遥远的北方冬夜,在没有风的黑河的原野,气温零下三十二度,我步入雪地去洗澡。读者一定疑虑,那是在室外?是附近一个发电厂的露天冷却池,水很干净,水温也合适,远看如一座厚雪中冒气的温泉。我在池边脱衣下水,当时满天星斗,一切沉在暗蓝的天幕里。池壁是厚厚的桦木板做的,我的鼻子前面就是池沿,积了很厚的冰,它们并不融化。水很热,我泡了一会,可以把头枕在池沿的冰上,并不感到冷。头上是银河,在很暗的电厂的四周,只有天穹是那样醒目和深远,有牛在叫,一两声狗吠,真是静,还有就是暖和。好像就是,一个人可以逐渐远离孤独的人生,一种赤条条的解脱与满足,也许,此生再也不会有这样宁静的感觉了,当时我想,如就这样昏沉睡去,即使我不再醒来,也是好的。

多米诺 1969

  每天一早,他骑马去上班——只要不是雨雪天,这时间他必须率领几百名犯人,浩浩荡荡出门,犯人必须徒步行走,他和其他的管教,骑马挎枪,前后巡视。农场的田地十分广阔,队伍的行进路程,通常也越来越长,最后甚至需要 1 到 1 个半小时,队伍后面紧跟的一架马车里,装满了锄头或镰刀,等全体人员到达了田头,在警卫监视之下,这些农具才可以仔细发放于每一名犯人手中。然后严密监视这些人下田,监视所有人的一举一动,等收工时分,这些农具铁器,再度被清点,集中装上了马车。在这时,他的马已经被犯人饮好了,马身也被刷了一遍,鞍子也由他们备妥,暮色四合,他挎枪跃上马背,握住缰绳,闻到远方飘来的炊烟气味,每当这时,他的身体随马背起伏,会忽然感到视野开阔了许多⋯⋯

  说这番话的人,是我当时在开往齐齐哈尔的列车上遇到的一位同龄青年,他也是上海人,我们一起看窗外风景,吃冰糕，在一个茶缸里喝茶，抽"握手"牌香烟。后来他对我说了上述这些内容——自从上海来到北方，他从没有参加任何农业劳动，一直在某劳改农场当一名管教。

我很清楚，他那个农场存有我似曾相识的记忆。

他表示说，虽然他拥有半自动步枪已3年有零，但枪法一直不好。

问：如果犯人逃跑呢？

——按照条例，我鸣枪示警，犯人继续逃逸，可以击毙。我有这个权力。

他的眼睛坚定地看着飞快掠过的松嫩平原。

他的这种工作，在当时可是凤毛麟角，我只是一个平常的劳动青年，因此无须向他介绍自己情况。之后，旅程也就结束了，我们没有说再见。

倾听他的话，我只想到自己最熟悉的男女青年们——按现在说，这伙曾经的上海"男孩女孩"，1969年，他们十六七年纪，眼神清澈，头发乌黑，有一天，他们吵吵闹闹，从上海来到了陌生的农场，来到了麦地附近，天交八月，周遭一场大水，附近的科勒河满溢，大片熟透的麦穗只露在水面之上，沧沧茫茫，明黄的麦映照浑黄的水，一直延伸到远方的天之尽头；这是他们第一次割麦，他们一番犹豫，再三犹豫，在队长不断的催促、点名道姓中，最后自由跳入，或被推入到水中了，麦子远在远方，也近在每人的眼下，麦秆显现于面前的水中，它们还没有归仓，还做不成馒头或面条，大家必须要割倒这些麦子了，但不知道如何去割，大部分青年的小腿苍白，镰刀都没有磨好，即使队长再三地教授，根本学不会打捆，时常吵闹。

所在地是原东北某劳改农场某分场，以前的吴管教，当下的吴队长，此刻静站在地头，冷眼看这些唧唧喳喳的上海小青年。这所国内最大型的劳改农场，由苏联专家设计，拥有13个分场，每分场土地1500公顷以上，机械化程度80%，几乎是自给自足的农业王国，场牌上"劳改"两字，是城市青年们到达前去除的，曾隶属吴管教名下700名劳改犯人，业已奉命撤离——他的新任务是，如何使眼下这批男女青年，尽快学会手工割麦。

半个小时里，割麦的进度仍然缓慢，土地被泡得相当烂，农场的捷克、波兰、东德进口收割机都开不进去，十月革命时期的苏式马拉收割机也进不去，不谙农活的小青年进去了，但是不出活。

一小时以后，大家都听到凄厉的警报声。

远处6辆南京"嘎斯"飞驶而来，前后是两辆警卫车，支架美式机枪，对准前后中间4辆犯人车辆，车上挤满了男人，远望像40—60岁土匪或盲流集团，饱含下山虎的气势，伴随绵延拉起的几百米滚滚黄尘，越来越近，越来越近。8月阴霾天气，这批人不少已是冬天打扮，一身的破烂棉袄，肮脏凌乱的老羊皮大氅，多人戴黑白杂花的狗皮帽，反映开发东北的电影《老兵新传》主角崔嵬的打扮，峥嵘额角，显露褪色的解放帽帽檐，有一名莽汉居然靠近车厢板，敞开棉裤，在高速颠簸中小解……

一切如半空出现幻景，水中的城市小青年都停下了镰刀，由衷发出一阵惊叹，这反应该来自于遗传的神经反射，如一伙纯真小兽，发觉眼前突然蹿出成年狂野的同性，立刻警惕竖起颈毛、也夹紧了尾巴，随时预备逃路——这样形容瞬间的恐惧，应毫不为过。

事实是，什么威胁和危险都没有发生，车靠地头，前后警卫车士兵，下来高度戒备，枪口对准犯人；押解队长与静候的前吴管教握手，喝令犯人下车。远方隆隆而来的气势，此刻涣散了，车上每名男子驯然下车，领头的4名犯人头目，站于破烂齐整的犯人队伍前，喝令报数，然后面朝外，跨出一步，脚跟靠紧，朗声一喝：报告！

——报告政府！！——报告武装！！——本小队原有人数×人！实际到达人数×人！绝对服从劳改！！——请指示！！——报告完毕！！！

回答是：——入列！

随后另一犯人头目报告：

——报告！——报告政府！！——报告武装！！——本

小队……

"政府"指长官,"武装"指警备士兵——禁止犯人直呼"解放军",这有"解放"他们之意。

报告毕。

4名报告者,鱼贯到后一辆汽车,在枪口下领取大捆镰刀,返回队伍前大声唱数,此起彼伏,将镰刀一一发到犯人手中。

警备士兵,把车上条凳,水桶,小红旗杆拿下来。

有两名犯人立刻奋勇拿过了小红旗,趟水下田,一直涉至远方1000米开外,两边间隔300米,各插一旗,与此同时,其他旗子,由犯人熟练插于地头与汽车之间,形成一块显眼的红色区域。

域外就是枪口。

这组场景,有如流动戏班子搭台,域内即将有丰富的表演,外围留给冷眼看客。

此刻,犯人头目正忙着分配工作——与刚才小青年领受任务一样,清数麦垄,镰刀指向水面,每人同样割10条垄,地头上空1!2!3!4!5!……苍凉错落的点数声,镰刀尖本应是拨开每一条麦垄的根部,现拨动水面麦穗,机器播种的垄趟从不会乱,每一条平行延伸1—2公里的长度,每人都要记住自己这10条垄,把这些麦子割倒,一直割到远方。

犯人都静站在水中,站在分配给自己的麦垄前,在齐膝的

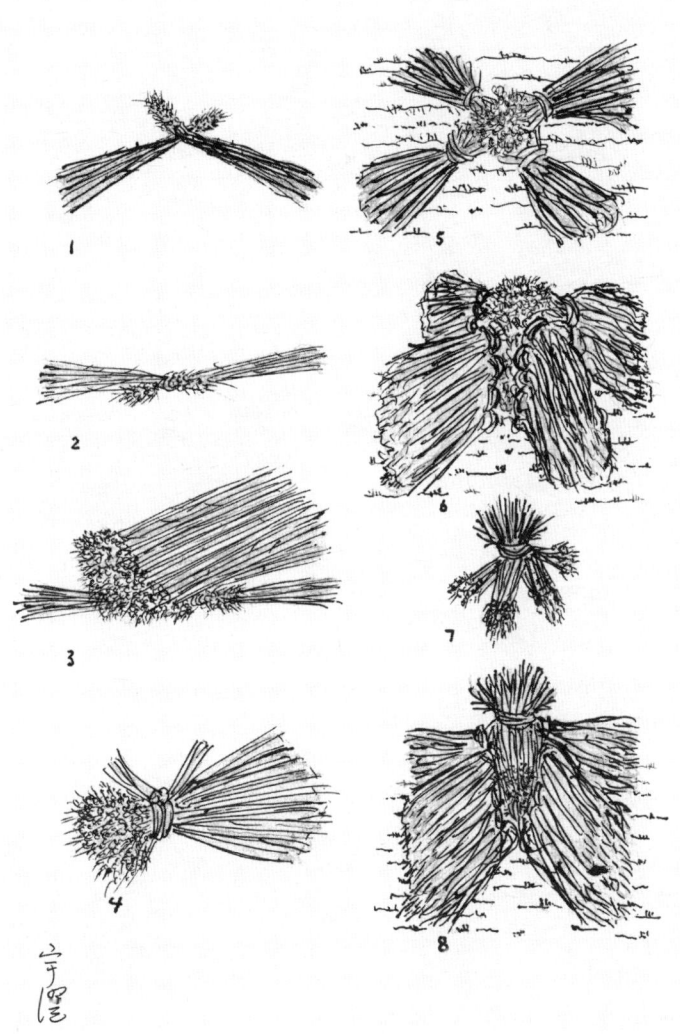

记忆·1969

水中一字排开，如径赛开局的场景。

看到一犯人露出的圆领旧汗衫，当胸印"北京卫戍区"暗红字。

有多人戴深度近视眼镜。

有一人颈后有深长刀疤。

一人手背有刺青。另一人手臂刺青、胸口刺青。

多人目露凶蛮，多人是书生的神情。

或病弱，或慈眉如佛，或大车店掌柜。

或电器行小老板，曾经的"蒋匪"营、团长。

或是绍兴师爷相貌、少爷、上海小开、银行职员，或是打杂、跑堂、旧衙门司阍，或阿飞、无赖，草民小贩，引车卖浆之流。

相同的特征，这些人都亮出一双老农的粗手，晦暗的咖啡色，酱色，树根色，粗糙，筋络凸起，厚茧，指甲发黑，指头秃钝、有力，一旦攥住镰刀，是生物的条件反射，或是一种本能，迅速拉过悬于臀后的磨石，不时熟练磨一下刀刃——"斯诺克"球员磨动球棒的那种神经质。

然后是一声口令，显现出他们安然驯顺的姿态，弯身水中割麦的细节，在他们眼前，仿佛无视水的存在，他们的动作里，含有早已习惯的谨慎守旧，注重保养，没有一人卷起裤管，裸露出小腿。

大部分人打着绑腿，打法各样，古老的"鱼鳞"式为五十以上年龄者，民初兵勇、家丁那种相错花式；平缠式绑腿是"第八路军"或"国军"风致，一般都是布绑腿，其中有一人是暗棕色皮绑腿，应许旧军头，或者前任牢头继承下来的旧装扮。

不裹绑腿者，都扎紧了裤脚，与胶鞋的布帮连接处一并扎死，干练利落。有一人穿的是骑兵马裤，小腿部分本就极其紧窄，露出了特有的皮质裤裆。

大部分人，左腿前围有一种围裙——厨子、铁匠、杀猪者，都备有围裙，与西部电影绑小牛、剪羊毛者戴着大围裙相仿，本地农民和犯人的围裙，扛粮食麻袋可以当包肩布，下雨可遮头，简单多用，割麦时，捆妥了的"麦捆子"，是靠紧了左腿的围裙，向后飞快掀于水中（地上）的，一个个滚翻撂地，像"康拜因"收割机吞吐麦草个子那样，一件件遗留在身后去了，这组合动作里，围裙可以减少裤腿的磨耗。

难得一见的奇境，是他们进入水淹的田野，开始割麦，没有任何声音，没有乡人在田头的吵闹。

他们没有人说话，没有人咳嗽、吐痰，没人抽烟、唱歌，没有人流汗，也几乎没有呼吸，没有喘气，没有人打喷嚏，只有水声，刀刃飞快割断麦草发出的飕飕声，打"麦腰"和迅速捆"麦捆子"的声音，安静，快速，机器一样推进，他们整体朝着遥远前方的小红旗全面推进，没人落后，没人领头，没有人累，没有人朝前看，没人伸臂捶腰、哭爹喊娘，凝结了一种无声的强悍的肉体精神，组建一副沉默的多米诺骨牌，由麦地边缘向纵深处推进，稳重、坚定，无畏，狠毒，充满饥渴，也像是麻木，梦幻，逐渐吞食、席卷、消化这一整片水中的麦田，一种超越人体动能的阵势，一种地理天文的变替，一种季候具有的风卷残云的气韵，沉稳朝前蔓延，滚动……

城市的男女小青年都站在地头。

他们从没见过这类组织和劳动氛围，不相信人身能发出如此巨大的动力效用。

呆滞在地头，他们停止了吵闹。

"武装"们稳坐各自位置、地头的条凳，膝盖上平搁着揭开保险的半自动长枪，仿AK-47。

锁琳琅

当年一位弄堂理发师,经常提到店里有三个铸铁转椅,"大炼钢时代"让上级领导拖出去化成了铁水,从此就改用木椅子,作为理发师,他一直觉得很没面子。

当年上海的弄堂理发店隔壁,往往有老虎灶、裁缝店。理发店一般不生炉子,由老虎灶送热水。

阿强常为父母看守"老虎灶",帮理发店送热水,时也克扣水钱,灶上有个铁罐,一旦父母不注意,阿强就"五爪金龙",抓了角子就跑。

逢年过节,店里照例生意兴隆,理发师老李请阿强在底楼"前进"理发店帮忙,为女人拧毛巾,拆卷发筒,火钳烫刘海。

当年多少女人的腻滑颈项,在椅背、水盆前面低垂丰隆的细节,纷繁热闹、吐气如兰的场面,现在想想阿强依旧感到神往。老店渐渐老了,西洋老地砖让几代人绣花拖鞋、皮拖鞋、夹脚拖鞋、广式木拖板、"烧麦头"、"丁字"、"松紧鞋"磨去了"洛可可"纹样，留下云霓状一片死灰。

也只有阿强晓得，这块地方是本人的青春化境，是自身年华飞度的客厅，这里曾经出入过多少1970—1980年代弄堂美女、菜场风流少妇、女店员、独身女子、时髦老阿姨、"老妖怪"、出格女生（时称"赖三"），种种笑貌鬓影，阿强烂熟于胸——从哪一年哪一天起，店里逐渐就消失绝灭爽身粉、钻石牌发蜡的气味了？多亲切的女人的味道。生意逐渐逐渐清淡，店里的猫也老了，当年几个察颜辩色、油嘴滑舌的师傅也已经木讷迟缓，闲来不再拈了兰花指，对镜细梳日益稀疏的白发，天晓得，他们曾经都留有那种锃光油亮、"梁波罗"式的分头。再以后的以后，老派铸铁白珐琅理发椅子，老式钢丝烫头罩，本白补丁布围兜，"胜家"白铜电吹风，秃毛白鬃肥皂刷，美式趟刀布，老牌德国剃刀，"三友"花露水及其他的名堂，都于某一时某一刻忽然消失了。这个玉石俱焚的年月，正也是阿强供职的国营工厂关门大吉之时。

"前进"理发店让民工叮叮当当改作"美美"洗头店的那个夏天，沪西数家大型纱厂正也叮叮当当"压锭"，砸碎大量的纺机，转眼之间，阿强同样熟悉的辉煌车间，变成了一堆垃圾。

如同当年千千万万朴素的爱恋样式，阿强痴迷过邻居的女人或女儿,先是来娣,而后刘美萍,还有隔壁弄堂小红,长他四岁的大花瓶林丽丽等等。这些女人堪为无果之花,有看头,有颜色和香气,有情有义,但缺少姻缘,不结仇,却有根蔓,也有日后持续生发的无穷等待与可能。林丽丽结婚十五年后,与阿强小心翼翼约会了多次,腰身肥硕许多,也灵活有力许多,两人时常去廉价早早场(7:30—9:30)的集雅舞厅,结结实实跳了几次舞。

当年阿强每一次下中班,是打开理发店前门上楼的,比走后弄堂近,他有钥匙。小店晚上七点就打烊了,他关了门,独自停在店堂中央,弄堂的路灯光斜照进来,一面一面镜子闪过年轻的侧影,荡漾女人的发香。理发器具和所有的杂物都锁入柜里,只有镜子和理发椅遗露在外。有时他就在椅子里坐下,转动把手,椅身斜靠下来,如修面那样躺平。很静的夜晚。3号沪生家收音机唱《红灯记》片段,顶上响动,有楼板缝隙泄漏的光,移动痰盂的声音和流水声,他晓得二楼邻居新娘子来娣已睡醒起身了,这样的空间结构,声音不算秘密。他晓得她床榻的位置,拖鞋和文胸放在哪边,有时,他意识来娣正透过楼板的裂隙,静看下面他仰脸假寐的姿势。她告诉过阿强,这是最难忘的景象了。来娣是通宵公车的卖票员,如果赶去上班,如果船员丈夫睡得死,或离家出海,她就蹑手蹑脚乌发蓬乱下楼,在离店门最远的阴影里,紧靠理发椅子和这个小学徒亲热缠绵良久,这是阿强印象深刻,一生都引为源头的宝贵初恋。

有很多夜晚，阿强就这样躺在空无一人的店堂，躺在闸北民居深处这块安静地方，像被催眠、禁锢在理发椅里，四周多宁静。耳中继续一阵阵纱锭嘈杂，最后消散了。

他把椅子调整到原来角度，经过混合了去污粉气味的洗头池，打开昏黄的电灯，陡峭后楼梯就竖在眼前。二楼是来娣家和美萍家，开启三楼家门，五斗橱上的三五台钟敲了一下，十一点半，也许十二点半。眼中前、后楼的三层阁，双老虎窗，是阿强住所。父母弟弟通常都睡了，方桌的纱罩里是一碗泡饭，剩菜，煎龙头烤，或新蚕豆。

美萍算是阿强第二个女友，毕业分配是安徽兵工厂，暂留上海培训一年。有一次两人下中班，就在深夜的理发店里，不知怎么抱在了一起。

美萍是美人肩，藏青对襟棉袄，皂色平针绒线领圈，深咖啡罩衫，米色开司米翻领，简单干净，骨子里考究精心。理发师老李说，美萍有"小孤孀"的冷。阿强知道，她身体也真是冷的，薄棉袄内只穿了一件棉毛衫，裹紧冷冷的细圆身体，她不冷，一定也感觉冷，拉住手臂，阿强感到她的颤抖，她的心一直也是冷的，知道留沪只有一年，从来不对阿强啰嗦什么，但她的上海确实是没有未来的，是完全肯定的。在夜晚的理发店，镜里这对昏暗的年轻男女陌生对望，相看良久，都缺少表情。阿强为她拢头，烫刘海。美萍的白手如葱，经常出现在黑色的镜子里。她在厂里学的是加工铸铁件，学做粗车工，这是相当龌龊的工种，钨钢刀头碰到飞转的铸铁，就腾起一阵黑雾。她戴口罩，帽子，绝对珍惜自己的一双手，对婴儿那样当心，已经是要手不要命，一直违反车间规定，戴手套开车床。她私下里讲，就是给机器卷死，也要戴手套。理发师说，刘美萍的手，弄堂里是排第一的，如果她是外国明星，就要买保险，可惜是工人丫头的命。

刘美萍和轻佻的小红，最喜欢荡马路，两人无心无脑，挽了手出双入对，像做一件最要紧的事，她们只要走到马路上，走过新闸桥，后面就有盯梢，她们认真走路，步态一样，低了头不理不睬，笑不露齿。

有次她们刚刚荡到南京路大光明电影院门口，盯了5站路的两个男青年就上来搭讪，当时只开口讲了一两句："……小阿妹"，或"……妹妹"，只要刘美萍小红一回头，身体有反应，前后有一问一答的神态，不管表情是不理不睬，还是略显风骚，跟了几站路的几个"暗条"也就忽然扑上来，当场抓紧，使这个地段聚集了大量路人围观。四个人，两男两女，各自用细绳子扎紧一对大拇指，押到附近人民广场派出所去审查。走进里边，就喝令男青年坐到水门汀地上，袋里所有东西一件件慢慢摸出来仔细盘问，比如摸出一块手帕，审问：是不是想为女人揩嘴巴？揩过几次？摸出一卷桉叶糖，先数一数少了几粒，审问：是给哪个女人吃的？是放到女人手心里？还是直接放到她嘴巴里？不讲，一记耳光。美萍和小红极紧张，怕两个青年瞎讲，哀求派出所的阿哥爷叔，费尽了口舌，表白自己根本不可能同这种瘪三，这种"摸壳"（上海黑话，即流氓、盯梢者）阿飞开口啰嗦的……最后她们被释放了，讲定明早再来，每人交一份检查到派出所来。

她们许久不写字，对于回家写检查，深感庆幸，也很担忧，匆忙赶到阿强家里一一复述，阿强坐于破八仙桌对面发呆，文理不通，纸上跨踏，戳戳点点，绞尽脑汁，终于，她们请阿强吃了一客小笼，阿强最后交出了两张用"车间统计表格"写的歪歪斜斜字纸，让她们小心誊写，第二天他调了班头，陪她们去派出所交付了事。

一年后，美萍就去了安徽山里兵工厂，据说那地方永生永世在做手榴弹，很多男工人没老婆，因此上海发了一卡车女工去，据说美萍一到那边，立刻就被配了对，结婚了。再以后，美萍家调换了房子，离开了这条弄堂，也就失去了联系，阿强再没遇到过她，心里却一直记得美萍坐在理发椅里发的愿——假如她以后回到上海，路上碰见阿强，假如她抱着小孩，是一定会让小孩叫阿强一声爸爸的。

二十多年里，阿强换了不少钥匙，工厂屡合屡并，社办厂，经营部，联营合作，后来变戏法一样全部拆光了，水泥基础也连根挖掉，阿强最后归并到一个开发公司，做夜班看门，很多的大门钥匙、更衣橱钥匙在调换，只有家和理发店的锁一点没变。

之后就是，阿强的弟弟当了经理，买了汽车、两处房子，不再指望阿强能结婚，只望他可以与父母住新房子，老房出租。最后是，父母搬了家，阿强仍居此地。在弟弟眼里，家兄阿强一直是怪诞的，像关进老房子里一个老怪物。

这阶段，"前进"理发店变成"美美"洗头店，之后经常换租，但不再改变店名和"洗头"的内容了，装有粉红电灯的小店，很多年不再有女客人光顾了，却从不缺少女人驻守，但不管店主如今是谁，洗头妹们今年来自何方，都喜欢楼上的阿强，称他"阿哥"。

不上班的夜晚，他在店里喝五角一两"炒青"，和三四个贵州或者江西的洗头妹看电视，消磨时间，谈谈人生。他诚心诚意的老话就是，她们如果要让男人服帖，嗲比凶好，本店不会有正经男人光顾，不要抱任何希望，等以后改行了，不能回乡嫁人，也绝对不做"煤饼"（低档妓女），应该弄一个假文凭，到本埠正经地方上班，哪怕做擦桌子、订机票的小妹，才会碰得到心上人——最重要的是，决不透露自己的洗头身世。

这些老内容，阿强化得出无穷的谈资，洗头妹喜欢听，比较崇拜。东北老板娘和阿强也相当投缘，雨天没客人，阿强给她敲背捏颈，最后，她就端了钢精锅，到弄口万春面店买回一碗素浇面请阿强，缠绵之际，洗头妹们多数溜到阿强的三层阁嬉戏，吃阿强菜橱里的盐水毛豆，躺在床上，翻他的抽屉，看阿强历届女友的定情照片，吃他的苔条酥、鸡仔饼等小食。在她们来讲，留连这个房间，等于了解了这座城市遗留的过往回眸，丰富而杂乱，这里堆有过多的旧物，比如窗式旧空调一部，高低旧"华生"电扇两架，祖辈老马桶，铜箍脚盆，生铜痰盂，两大叠的陈年地摊杂志，壁上数幅真人大小的日本春宫过期挂历，按下开关，门口两个杂牌射灯和稀疏的圣诞彩灯珠就放光，干枯的广东金橘盆景，破旧的塑制圣诞树和发财树，嵌有"海洋世界"抬额的漏水玻璃鱼缸——都是父母搬家及邻居无法处置的"烫手山芋"，阿强还保存了他们遗下的1976年代自家打制的捷克式落地音箱，不少文革塑料唱片，1981年代老虎脚夹板五斗橱，以及小菜场丢弃的1983款"老板台"。两个旧冰箱，一是老家的单门"双鹿"，一是菊娣家1985式豪华"航天"排冰箱，压缩器已坏，阿强用它做了菜橱。

光阴如梭，阿强老厂的女工同事们，早已为人妻母，她们一般是纹眉，盘着干稻草一样发式，替人看门面，当售货员，或居家打麻将、做饭，跳广场舞。她们都记得阿强，称他"柴爿王老五"，时常单独或结伙登门，在他的三层阁做客调笑，也翻他抽屉，观赏春宫挂历，打麻将，开传销会议，练木兰扇，敷贴廉价面膜，试减肥按摩膏，制菜会友。来客遇到有别的女人在，也不会生气吃醋。

不婚男人，即使如何花花草草，在部分已婚妇人眼中，总是处男的美好感觉。阿强很理解这一点，只要她们需要，必也一一满足。她们都是本分人，生活单调重复，唯有面对阿强，会唤醒她们的早逝的羞腆、活跃和心愿。阿强的话是老一套，希望她们对老公或情夫恩爱和睦，这是他作为男人很可贵的一面，从来不诋毁她们各自的配偶、意中人的得失，只望她们善做思考，知己知彼，要有感情，要有吸引力，懂得"一嗲遮百丑"的硬道理。这种密友咨询会议气氛融洽，增添了她们的感动和信任。

某些内心孤寂的妇人，把自家的陈旧生活重做精心调整，以期与阿强宝贵的会面。在她们看来，每月能和这个单身男人相拥合欢，跳一次早舞场（票价一元），中午在小饭店喝一小杯，然后到此休息一趟，就是最理想的人生目标，下午四点钟敲过，她或者她，通常就起身告辞，急急赶回家去准备完饭。五点半、六点，做保安的老公回来，会对厨房里忙碌贤惠的发妻道一声辛苦。晚上，这类人家的妇人，一般都是早早就寝，绝不单独出门的。

一个燠热夜晚，在父母家吃饭、打完八圈麻将的阿强，出门等末班车。

记忆·1975

车站上只有一个妇人。久等不见来车，阿强看那妇人，她也看看阿强。窥见对方是他熟知的气质和阶级，阿强沉默一会，搭讪道：这么多物事，拎到啥地方去？对方不说话，问之再三，她低头顿了顿轻声道：——是衣裳，去汰衣裳。

她脚下有两个鼓鼓的塑料马甲袋。阿强沉吟道：到我家里去洗？我有洗衣机，独用水表，有龙头，我一个人过日子。

妇人看看他，低头不说什么。

后来车来了，两人前后上车，车厢哐当哐当摇晃，妇人拎着两个袋子，不和阿强讲话。但是，等阿强下了车，她却跟了下来。阿强在前面走，她后面跟。阿强想替她拎一个袋子，她低着头，不松手，不说话。阿强只能走，让她跟着。

午夜时分，两人在路上几次走走停停，停停走走。她都不说话，坚持自己拎袋子，跟着走，一直不说，跟进了后弄堂。

等走上三楼，两人都已经汗津津的，阿强开电扇、空调，倒一杯冰茶，拖出床底的脚盆备洗澡水。妇人也不闲着，摸到楼下搓了毛巾上来，低头擦篾席，擦枕席，后来就和阿强一样，洗了澡。房间里静，只听见水声。

远处高楼上一个霓虹灯牙膏广告，一部分映在黑瓦和窗台上，一部分在床头上打闪。阿强躺在席子上。

不久，妇人也在席子上躺下。阿强把电扇调小了一挡。

两小时以后，阿强醒来了。

天还没有亮,听到楼下水斗里哗啦哗啦的水声,他知道那妇人没有睡,她一直在下面洗衣,没用洗衣机。

他再次听到声音,天已经蒙蒙亮了,声音静了下来,隐约的塑料袋声响——她是把洗好的大叠湿衣服装入袋子?过一会她轻轻上楼来。

她离开床一段距离,站着,低头对阿强说:我走了,衣裳洗好了。

她就这样下楼,这样走了。

黄昏接近尾声,底楼"美美"的门面正逐渐沉陷下去。街区绵延的黑色瓦脊,在浑浊中演化,爬入苍茫夜色。闸北民居繁星样的黄浊灯光,发着抖,哆哆嗦嗦,点点盏盏,不断闪烁出来,逐渐化为大面积的光晕,逐渐浸染泅湿,如密集的菌丝体,细微而旺盛,这就是阿强的闸北。电台女人滚珠般报出股价,如昏呓呢喃,如咒,如诵经文。胡琴声,车铃的叮叮声。生煎,荠菜香干,油焖茭白,腌鲜,葱烤鲫鱼的镬气,一个妇人叫:"小妹!小妹呀!"新闸桥上,西风里是匆匆不绝的归人,东南方面,屏风般无以计数,直插天穹的是宝顶玉宇,耀眼广告牌的明亮海洋。苏州河在阴影里凝止停当,如今驳船稀少,不再有嗡嗡的汽笛声了。

阿强一直单身,一月数天在父母家混饭,有一点小积蓄,加上有限几个工资,一人吃饱全家不饿,是满足的。

有一天,他对老板娘说,如果他是有妻小的上海男人,他这种条件,过普通男人那种生活,肯定是早就白了头发的。

注:此文曾无偿给某导演改为短片《少年血》,据说获得西亚某电影短片奖项,笔者至今未知是否注明版权。

二十五发连射

黑帮恺撒找到了加菲尔德,胁迫他用左轮枪"俄罗斯轮盘赌"。加菲尔德三次扣扳机安然无恙。恺撒却在最后一次将自己击毙。

这是凯文·雷诺兹导演的《187》细节。

枪械发达,有时已成了人身器官,影视片场一直是枪与枪手的主要聚集地,在《出租汽车司机》及《时间的针脚》中,枪支密密麻麻挂满前胸后背,已是演员延伸的手臂和喉咙。

"禁止枪口对人,空枪不得对人"是持枪者一直的行规。

面对枪口,也许只有演员、死囚陪绑、多次上"法场"历经"假枪毙"者、企盼安乐死者、城市泼皮、惯赌、"老年痴呆"等等,才无所谓怕与不怕。

观众熟悉了银幕枪战,习惯了银幕英雄和演绎套路,面对一般电视中的公安纪实片,显然是不能满足的,这类报导即使全程记录,冲进现场的最真实况,基本也就是颠簸不清的画面,或者平静狼藉的街景,抢劫犯不是忽然被击毙,就是模糊中逃逸,能够看明白的,只剩地上数枚弹壳,尸体抬走后的人形粉笔线。

记录警员密捕人犯的片子,也与电影细致情景不符,采用的都是中国式的一拥而上办法,都是三四人抓一个,观众还没醒过神来,公安战士七七八八出手,已把"对象"按趴在地,好比蜘蛛抓苍蝇,飞快地捆绑旋转,画面根本看不清,也就结束了。

随机真实跟拍,条件就会受限,敏感镜头也因为规定而被截断,摄像奔跑的体力不支,镜头飘忽,某一刻光源问题,忽会伸手不见五指,最紧要的部分,往往只能用最普通的办法处理,没条件做到章法。

至于明显针眼摄像头或夜视镜的现场,好比看残缺的黑白默片,不会听到一句对白,恍如一种窥私——起初,疑犯还在自如的生活状态中,在抽烟喝茶,或和女人睡觉,画面出来一个糊涂的背影,是便衣还是线人,分辨不清的敲门声,搭话,坐下来点烟,或递一块毛巾给人犯,画面到此,往往就短路了,跳突了几秒,屏幕金星闪烁,或马赛克,或地震样天旋地转,等恢复了平稳,看得清之时,"对象"胳臂已被牢牢扭住了,二三个人压着,又有一个人扑上来,抓、摸索犯人手脚,巨声呵斥,镜头大喘气那样醒过来了,切回到彩色的现场,像是由单色世界钻出了水面，喧哗鼎沸，目不暇给。那个人犯也已经是一名凯旋的进球队员，早被多人压紧，叠罗汉那样，只有喘气的份。

看过一部云南缉毒纪录片，结局极为沮丧，一毒贩深夜穿越边境，雨中泥泞小道，伸手不见五指，几个等待一夜的警员，在远红外镜里发现案犯的轮廓身影，于是一拥而上，没想到对方随手拉响了怀中的大号反坦克手雷，一道火光划破山峦，同归于尽。

如果给毒贩掏枪反抗的空间？那么双方射来射去展开枪战，子弹横飞，身处乱世，众人改穿防弹衣，多备子弹，层层搜山——这又像演戏。

在电影中，则一直可以仔细演绎，开展经验外的玩枪套路——搏斗，举手，谈笑，靠近持枪人，鼓励对方开枪，投降，崩溃自杀，从容对待，小马哥端双枪，双方直面黑洞洞枪口，距离五六码对峙，斗智亦斗勇——不会出现在公安纪实片中。

枪口顶紧双方胸膛，大力滚打之中，腹部一声闷枪，不知中枪者究竟为谁，凝滞数秒，反角瞪大眼逐渐瘫倒下去——这类情景也不出现在纪实片子里。

民国纪录片，涉及死刑犯现场，才发现枪的力量，比演戏要残暴沉默得多，每个死尸都硬邦邦突然倒地，有如触电，突然抽筋点穴的样子，功勋演员也学不来。

电影的枪伤细节，经常滥用假像，1970年代看到猎人打着一匹狍子，东北特有物种，小口径步枪创面进弹处极小，不见一个血滴，翻过另一面，出口则有饭碗大，血都喷溅在另一面。

在中苏关系紧张年代，东北边境的年轻人一度都发到了长枪，部分上海青年也领过苏式马枪的几种枪型，这批老枪，传说是二战末期苏联远东第一右翼兵团的入境遗物，也说是随后增援东北的蒙古骑兵武器，或朝鲜战场的退役装备；后一种说法，也有疑虑，志愿军入朝，已使用苏制连发冲锋枪，枪管有柱状散热器，圆盘弹匣，老电影表现了这类造型的武器，包括缴获的美制新式卡宾（也是一种马枪？西班牙人称骑兵为"卡宾"）已装备于步兵，参加了这场战争。

面对马枪，会想到马背，想到马上射击的姿态，比一般步枪短二三十公分，单发，没有半自动弹匣，打完一发，扳动枪栓压入一个子弹。抚摸这样的枪，难免叹服上几辈军人的本事，不清楚他们在颠簸的马背上瞄准射击，是怎么练的功夫。这批三十年代的武器，到七十年代初，烧蓝褪尽，布满伤痕，擦拭后依旧锃亮，步枪的普通枪刺，都已钝秃了，但端它朝门板上捅，一捅一个窟窿。老一辈人说，这些枪经历诸多的战事，枪枪都有人命。

大家一人一枪，保养摆弄了好多天，有时如行刑队那样，按口令丁字半步排列，集体举枪，三点一线，齐整整瞄准一个草人，扣扳机，放下，退步并腿，左手贴紧裤缝，挺胸站直。也练习卧射，在田地上岔开两腿，躺卧着瞄射，然后抱枪横滚，鲤鱼打挺离开射击点。记得休息时，有人模仿电影派头，对准一个老乡的头，哗啦一上枪栓，老乡瘫倒在地，尿透了棉裤。

三八大盖的枪栓有一斤多重，半夜听它哗啦一声上膛，就算只闻其声不见枪口，仍然英武有威慑。以后看到"匈牙利事件"那些锯掉枪托，藏在大衣内的步枪照片，虽知道已经是英雄末路，依然神气十足。

不管世道如何，枪应该具有唬人的神韵才好，单看外表，也许国产"五四"属于最难看的手枪型号，这么多年，一点不改变外形设计，却是出镜最多的枪支，虽如今影视里的警员，学老美那样双臂举持戒备，"五四"弱化了前突枪管的特点，还是显现不了应该有的力量。另是电影里时髦精锐卫队和当代黑道用的微型冲锋枪，等于一种手提电钻，即使是三十年代的盒子炮，也比它们醒目得多。

以前常常可以见到杭甬铁路，四明山一带乡村猎人的身影，一般都是中老年男子，脚穿草鞋，身背竹篓，雨天斗笠蓑衣，如渔夫或金冬心画卷的野翁隐士，裤腿被露水打湿，神情漠然，不讲话，眼神看得很远，有点呆相，也如余华笔下的破落地主气质——乡间有这种游荡成性的人，不事桑麻，喜欢到处乱跑，这等装扮，是在打鸟，所持的土铳，都是祖宗的简单构造，没有膛线，每次手工装药装铁砂，用通条压紧于枪管底部，外装一火药纸，右手扣机，枪管搁在左臂上的射击，这种姿态，是左臂抬着枪管，往上方一送，一扣扳机，就有数只鸟掉落在草丛中，动作就是这样的一抬一送。看他们行猎，是古之有之的嫡传家法，明白了习惯上举枪三点一线瞄准，是纯西式的动作——中国的枪手，前后胸口写大"勇"字的兵，应也是在这样的抬送之中射击的。这个中国动作，涉及制造技术的落后，估计也因土铳铸制枪管，容易夹砂爆裂，头脸靠得太近，有炸膛的危险。过去的义和团，虽有长短铳，仍然不敌华尔洋枪队，应是这种麻木的开枪姿态，无准星的射击才失败的。

南面有土铳，东北方面，1970年代已常见携带"持枪证"的双筒猎枪，电影《千万不要忘记》某个不安心上班的哈尔滨工人，经常泡病假，带了双筒枪去打沼泽地的野鸭，讨好丈母娘，是全国人民当时都知道的落后分子形象。这类双筒枪多是仿苏联制品，与射飞碟的运动枪械一样，可凭"持枪证"购买子弹，也可以自己装药再造。

先是在空弹壳里灌一部分火药，压入几枚口径相同的圆纸板，然后灌一部分铁砂，如果打大野兽，只放入一个独头弹，然后，同样用圆纸板压实，最后，以烛油封口。弹壳底部，有一俗称"屁眼"的细孔与凹槽，压上一个发火小铜帽，一发猎枪子弹就做成了。冬天的时候，猎人往往这样呆在家里，一天到晚做子弹。

双筒枪是双扳机，双发子弹，双撞针，先后撞击铜火帽，通过弹壳底部细孔，点燃内部火药，铁砂或者弹头立刻射出，与其他枪弹原理是一样的。当时传闻省级人士来嫩江乡下行猎，带两狗是德国"黑盖"，枪是德国三筒枪，双筒枪管之间，另有小口径步枪枪管，三个枪口，品字结构，三扳机，三撞针，闻所未闻。

道听途说，别开生面的还有，当时边境青年兵团，培养出了一位女射手，标准手枪百步穿杨，实在了得，该女在全国的射击赛事拿过几个好名次，后也是借了这个特长，调到省城哈尔滨去了，这事叫人神往，有人一句话总结，产生了非常实际的画面——算过那一笔细账吗，她几年的艰苦练习中，已射掉公家一卡车子弹。

笔者当时所在地方，是全国最大的劳改农场之一，里面曾有最多的带枪管教，大量原籍全国各地的服刑犯，直到1969年中苏交恶，犯人们奉命内迁，以各地城市青年回填。听前劳改管教的总结：大量的劳改人员，女犯一个比一个笨，男犯一个比一个聪明。

农场当时有小机械厂，收用颇多的男犯，都是大城市七级

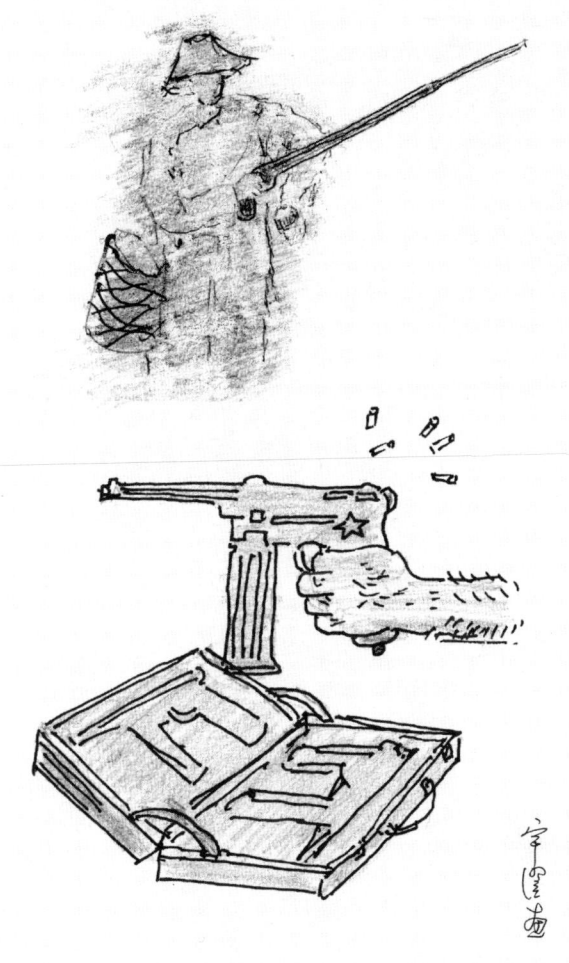

左臂抬着枪管,往上方一送,一扣扳机,就有数鸟掉落草丛,动作就这样一抬一送。

八级高级技工，车、钳、刨、磨、铣，样样精湛。有一日，管教拿来一把老式手枪，原是十发子弹连射，他问一个上海籍的八级钳工犯人，是否可改成二十发或二十五发连射？

上海犯人放下《毛主席语录》，一口答应。

两星期后，多个农场干部，都随这位管教去机械厂看热闹，手枪已改好了，枪身和弹匣都作了整型，饰有崭新的"烧蓝"，上海犯人解释说，因为物质匮乏，枪柄镶了半透明普通牛角，置于一黄菠萝木枪盒中，美观威武。犯人说，如有条件，手枪可以镶金错银，可以镶牙，嵌螺钿，珊瑚，镶翠，就是翡翠。他见识过全"景泰蓝"装饰纹样的好枪。

管教掏出二十五颗子弹，让犯人一一装入弹梭，一颗不多，一颗不少，全装入新枪匣里。

管教喜上眉梢，接过枪来掂了分量，瞄左瞄右，大家立刻散开，以为他要试射。但管教把枪递给这个上海犯人师傅，请他来射。

上海犯人一时慌乱，不知所措，小心翼翼朝天打了一发。管教说，打！

犯人再射两发。

再打，打！打！打！

犯人的神情一直在变，终于，扳机一扣到底，朝天连发二十五响。枪口冒烟，弹壳叮叮当当落了一地。

真是好枪，好枪，好枪呀。管教赞叹不已说。

狗权零碎

午夜春寒,那条弃狗还在嗥叫,冷雨下了一天一夜,还是下着,好像永无尽头。傍晚,我看见那黑色杂种京巴狗,已是一个大号的深色拖把,在街区花坛的冰冷泥浆里移动,估计它身上蓄满了好几斤泥水,它仍然大放哀声,讨好每个打伞经过的行人,但没人理它。此刻,我在温暖的被子里,希望它会有好运。但我知道,它的这辈子基本算是完了,城市不是乡野,没有干草堆,也没有食物,哪怕一块可充饥的干牛粪。但愿这是西南某地,可以退一万步祈祷,求哪位好心的宵小之徒,行行好,就是现在,拿绳子套紧那狗脖子,往树上一吊一勒,结果了它,踝骨位置深深拉上一刀,三分钟放净了血,烫了毛,镗个干净,卖给所谓的狗肉火锅店,算是积八辈子的德。我替这条丧门犬,生不如死的狗,深谢这位屠杀者。可惜它毛太厚,身条太小了,杀不出几斤肉来。

黑狗、宵小和狗肉店老板,也许都是无辜的,有罪的是抛弃那黑狗的人，那户家庭。

过去常到东北嫩江一户农人家里玩，聊天，但这户老乡忽然在一个月里，全家相继死去，死得有点杳无音信和突然，他们的亲戚也死了不少……三个月前，他们家唯一养的猪被一头疯狗咬伤，猪染上了狂犬症，他们把猪杀了吃肉，记得那天，他们还到处找我，但我不在。他们用疯猪肉炒了很多菜，比如酸菜白肉，锅爆肉，葱爆肉，还有皮冻，血肠，猪肉粉条，樱桃四喜丸子，猪肉白菜馅水饺等等，剩下一部分，储存起来准备过年，亲戚也请了不少。三个月里，吃过这顿饭的男人女人，一个一个都萎靡不振，不能喝水，极其怕听到流水声，干渴，甚至害怕小便，最后相继癫狂死去。狂犬病称为"恐水病"，他们都死了。

狗是乱事之物，以上就是一例。

莫泊桑的《宝贝儿》，写一个法国傍晚，四五十条大大小小公狗，被母狗"宝贝儿"散发的强烈气味所吸引，簇拥在宝贝儿家后门的景象，何其壮观，也真叫人害怕。它的一生，一辈子紧盯了主人，被主人几次抛弃都死追不放，及至最后一次，记得是坐火车送到几百公里之外的某地，第二年春天，河流开冻了，平静下来的主人与朋友观看河中春色，主人忽而发现，上游冲决下来一具肿胀如小牛的尸体，越来越近，越来越清晰，那就是永远跟定他的宝贝儿。

记得在遥远的年代，嫩江地区有局部的狗患，五六十条高大野狗，每夜云集养猪场，与猪共食，大肆啃咬小猪，公家损失惨重，日日徘徊不去的狗群，吸引本地家狗卷入其中，引起很多麻烦，一经领导的号召，众青年事不容辞，加入了打狗者队伍。公家派发募集的种种棍棒，鼓动他们进入紧围的猪圈。俗话说狗是铜头铁背，豆腐腰，麻秆腿，于是见狗腿便打，大打出手，每棒见血，比较病态，人狗混作一团，双方龇牙咧嘴，血脉偾张。棒击之中，狗头立刻倒地，也有数十棒不倒反叼住大棒的，被人套住后腿倒吊起来，割喉了事。一时之间，五六十条大狗胴体高挂，血流遍地。东北乡俗认为，死狗有土性，触土即活，必须高吊起放血，等它严重缺氧，排泄失禁，瞳孔放大，才可剥皮。每剥一条，据说有淋漓尽致之感。

处理毛皮兽，都由嘴部开始剥皮，等于脱卸一件高领毛衣，于齿龈部位往里小心割剥，渐由口部翻出头皮，一直褪到脖颈，再用力往下割脱，顺四条腿直褪到尾，不坏一点相。所谓"皮筒"是这样套出的，苏格兰风笛的气囊，整羊"皮筒"所制，黄河上的羊皮筏，同样是整身羊皮筒制造，不易漏气的传统妙法；狗也是如此来办，最后按照朝鲜人的方式，将赤裸狗身，一条条泡入凉水大缸半日，拔去污血，呈现粉雕玉琢的皎洁，厨案横陈之美，加盐，加白酒花椒大料葱蒜，烹一下午，香气袭人。

自从许多熟人因狂犬症死掉，大家开始懂得，狗是不洁动物。现今很多美眉时髦动作，频频与狗啄吻，在农村，是万万使不得的事，会被人称作傻B的，再笨的柴禾妞也不会这样干，等于舔食狗的排泄物。再特异的狗种，周身都无汗腺，舌尖滴下的汗与便溺成分等同，它散发体热是靠舌尖一滴滴的唾液完成的。

狗永是一种食腐动物，性格忠实，也和狼、秃鹫一样喜食腐败蛋白质。所以也有等到主人死亡，狗会慢慢吃掉主人尸体的说法。

有人表白，他家小狗狗乖极了，只吃上海的菜泡饭。这也说明了，狗可以什么都吃的特点，并不是它专意修行。在农村的狗，条条都吃人屎，小孩蹲着大便时，一旁蹲住了探班死等的家伙，就是狗。人屎是狗的调味品或沙司酱，这习惯有六千年历史了。

在遥远的年代，东北接近草原的丘陵地区，我朋友黄毛养有一条俄国"围狗"，蜂腰细腿，站立极为高大，卧躺下来如半条车胎那么精简短小，它有一万分的威武，戴一件铸满钢刺的项圈，在1972年某个秋日，我曾经目睹它与另一条围狗，共同猎到了少见的猞猁和红狐。眼看它们一前一后，在草原上飞跑，是极为炫目的画面，轰出草中之兽以后，一狗死命猛追，另一狗迂回，或左或右小遛跟随，持续五分钟，后者如离弦之箭超过了前者，穷追不舍，前者也回复到迂回包抄的半休息状态，如此两狗交替追击的行为，俗称"打围"，没有一只四腿狐狸或西伯利亚猞猁，敌得过八条狗腿的轮番追击，钢刺项圈在扑咬兽颈之时，防止了对方的绝望反攻。

平时黄毛夸耀说，这条帅狗狗，爱狗狗，非小羊里脊和小羊排不食——但我们知道并不是住在威尼斯或里昂，我们常看到它只是在闷头吃屎，偷偷叼了一块冻硬的牛粪或人屎，爬到干草堆上细心啃嚼，就如人们嗜食红豆冰棍的专心相。每到这时，我们就四处找它的主人。黄毛黄毛，狗吃屎啦！……加里吃屎啦！……啊啊啊，在哪在哪？这狗畜生，狗东西在哪呢？每到这时，黄毛气急败坏去追打加里，但直到它死掉，也没改掉吃屎的毛病。

狗也许是动物中最为阴险的品种，公认的势利眼，其嗅觉灵敏到令人讨厌的地步。养狗的女人都知道，在第一时间，狗也许更清楚她已经来了例信，如果它今天早上跟定她身后，紧嗅不停，那么再迟钝的女人一定立即知晓，她讨厌的日子，差不多又到了。

单身女人拥抱一条大公狗，时会遭来意味深长的目光，这种风尚，也只在城市内欢快地发生着，乡间看不到这种怪事，家家敞开大门，没有秘密。历史偶见的记录可首推蒲松龄笔下的《犬奸》，人狗之事虽数语寥寥，闲话也已说到了尽头。

一般常识，人都知道豢养公狗，然而公狗急色，醋心重，也是尽人皆知的事，绝对的例子是，男人出远门回来，发现狗登堂入室，已到了拒绝他与女主人上床的地步。但人们，不管男人女人，还是偏爱公狗，因为母狗更为急色，分泌的特殊气味，顺风可使公狗追它十里地，到了发情期，沙发和地毯上就有刺鼻的污迹，生崽以后，两排大黑乳头更是触目难耐，不再变小了。现在，大家超出千年前汉砖上刻《家居图》那样，养着当代的狗，可以不论雄与雌。可惜我们建立城市以后，城市对狗的问题，包括它的性满足问题，越来越限制的今天，狗变得比较难耐，等它们发情期来临，我们常可以看到两个本不相识的遛狗人，看不出孤男还是寡女，彼此根本不说话，生分冷漠，但他们膝下各自的狗，正雌雄纠缠在一起，热烈性交，或模仿着准性交，搞得一塌糊涂，狗欲横流。我永远看不懂狗主人们面对眼前急迫的喘息和动作，此刻有什么感觉，表面无语，心如古井，还是对这过程的默许，等待结果，撩拨着各自的内心，还是其他，据说这是西方男女相好的最正常方式，因此他们有了对话，有只言片语，说什么才合适？是在忍受，还是享受这样的过程。

我跑到一位作家朋友家，客厅里的那条公狗照例走过来，立即伸出阳具欢迎，它不屈不挠，长时间地顶着我的脚踝。我问朋友，每天面对这频繁不雅的动作，不觉得烦心么？狗也应有它的狗权，他考虑应该如何来解决？是否为它的性焦虑做些什么？没想到他竟然说：……随它去——要你是个女的呀，它更厉害，哈哈哈。这是三年前的事，前几天我在电话提到他那条狗,他还是说,随它去,他是根本不管的。这使我很不理解,养一宠物,不管自身如何完满或缺憾,理应包容它的一切,它的食和它的色,这才像回事,心里才安宁。等于你和一头永远饥饿着的狗在一起生活,你知道它分分钟的渴望,它外露无遗的痛苦与困惑,而你却在看肥皂剧,剔牙,吃猕猴桃,抽烟。这是很没意思,很没趣的事,居然能这样同居一室,等闲视之,熟视无睹,我做不到。

《卡列宁的微笑》有一节,米兰·昆德拉说:"人跟狗是一种完全无我的爱:特丽莎不想从卡列宁(特丽莎与托马斯养的狗)那里获取什么。""没有幻想去试图改变它,一开始就赞同它的生活,不希望它从狗的生活中跳脱出来,也不嫉妒它有什么秘密私通。她训练它的动机,不是要改变它,如一个丈夫试图改造妻子或一个妻子试图改造丈夫,只是提供它一些基本语言……人跟狗的关系方式,真要比情侣间的关系方式好一些吗?"

某报载的议论是:

"现在不一样啰!现在人养狗,不只挑剔狗的个性,更挑剔品种,似乎不养名犬,就失面子。现在的狗也不一样了!以前的狗主人给什么就吃什么,不嫌弃主人的身世、收入与品性;现在狗似乎被宠坏了,有的非西沙不吃,有的不陪它就耍脾气乱尿尿。人跟狗的关系方式,正在朝向人跟人的关系方式迈进中。"

我还留有在乡野夜半行路的印象,月明星稀,行人一度会被狗的做爱所干扰,在公路上,在田埂间,公母狗按传统方法一前一后交欢,随后各自背对着对方,仍然相连着,像是背对背的拔河,一会双双被拖到东,一会双双移到西面,样子十分异常。这是狗最缺乏安全的时刻,不怀好意或者变态的乡亲,伸出一条扁担穿过两狗,抬起它们行半里地,公母也无法分离,它们分离不开。乡人说,公的被母的锁住了,无法自拔。当地俗话就是"狗锁牛火",意思是在这一刻,狗与狗已被一把铁锁牢固地锁住,而牛羊的爱情是快捷如箭的,在一瞬之间结束,仿佛怕被火烫着一样,刚刚一个跃起,便飞速完成了。

使我无奈不解的回忆,都是人性的残酷,眼见一个笑嘻嘻的乡人,镰刀探到两狗之间,青锋一挥,替它们割掉了烦恼尘根,公母双方如遇电击,旋即呜咽闪开,不知所终。在花村万月的短篇里,少年"胧"杀人之后,躲进修道院农场,"胧"首次是看见公猪强行与已阉割的肉猪"交配",文中出现一个闲人,找到这两头狂情动物的"结合部分",无法拔除,另一个男人宇川君,此刻出现了,拿了一把花木剪子,咔嚓一下剪断"它"。

写到这里,我深深感到乡村"吃屎狗"的野性与幸福,假如城里人讲点"狗道"的话——我最不忍心看的是关于导盲犬的培养与训练,也自知这结论是遭人们反感的,人类难道不是始终在利用狗的感情与一切？即使再爱狗的人，他都是这条狗的主人不是吗？狗的自由目标，应该是"吃屎狗"无疑，最理想的终极目标是澳洲野狗，它们已回归到祖辈的自由中去，它们不再有牛奶、狗用香水和狗粮享受，不再能与主人肌肤相亲，同洗澡，同睡鸭绒被，坐汽车，坐船，但它们的自主，千金难买，它们可以自由跑上二十里，找一个自我的相好，就地野合，它们的一生，始终自得，自立自强，完全可以自我决定去欣赏月光，还是等太阳照常升起．——也许它们夜夜笙歌，可以朝三暮四，攻城略地，打个头破血流，依旧痴心不改，实现自己的最朴素最散漫的所谓理想。这对狗来说，应该是最浪漫最"狗道"或"狗生"了。它们的脖子不被狗绳拉来拉去，不表演节目，不在飞机场嗅辨毒品，不被迫去咬人，不一辈子给盲人指路，牵拉主人的轮椅；它们不喜欢剪毛吹风，修剪指甲，吃药打虫，除虱治癣。虽有时它们会饿肚子，但也有大快朵颐，啃野鸡死猪，或者狂吃大粪的时候，这对它们来说，也许是一种最好的、小康的生活。

厦门朋友一瓜写来的感想，看到狗生活的另外一面：

"湖南邵阳公路有很多很多狗，和别地狗不一样，喜欢聚在公路上散步，歇息，甚至开会和游戏。我们的车不得不为几十公里这样的狗路而减速。要是在厦门，交警一定会把它们统统组织起来，送进后溪交规学习班，一期四个月，自带伙食。

看到一条精帅的小狗狗，突然闯出来，以极快速度准备冲上马路，湖南卫视的司机紧急刹车，小狗狗也紧急刹车，以至它的两只后腿，还有小屁股都翘到天上，它的刹车技术是可敬和稳定的，永远在我的记忆里，像小时看到别人用糖纸折的小鹿。你写的狗，都没有我看到的可爱。"

另一则是新闻：

"民间团体表示，花莲吉安乡流浪动物之家虐狗传闻已久，动保人士意欲前往认养流浪动物，屡遭回绝，即使幸运，得入收容所认养，仍被工作人员以拒绝提供认养书刁难。更有甚者，关心流浪动物的人士，连续几天前往设于吉安乡垃圾场旁的收容所探视，却惊见狗吃狗的骇人画面。于二月十四日拍摄的影片中，现场一只正被同伴啃食的狗，虽奄奄一息却还抬头挣扎……连续几天发现饲料槽里没有饲料，水槽无水，部分犬舍没有犬只，却满布狗大便，有些犬舍则是四五十只狗挤成一堆，几无法动弹……种种惨状，令人不忍卒睹。也证实长久以来，花莲流浪动物之家虐待收容动物，不给饮食，疾病丛生，遭捕捉收容的流浪动物，不是饿死、病死就是相互打斗而死的传闻。"

在愉快与期待中

某人打算自杀,却恐惧如何去死,最后他加入了"愉快死亡俱乐部",被安排在一处鸟语花香,风景优美疗养院,好吃好喝供着。刚到的每一夜,他都十分紧张,担心后半夜有人进来搞死他,结果夜夜平安,什么可怕事都没发生,一位美丽护士却出现了,而且相谈甚欢,使他渐渐萌生恋爱之心,有了不死之想。到最后那个傍晚,甜蜜的女护士表白说,明天就将答应他的求婚。他也再一次告白说,他早已放弃了死的愿望,从此可以过全新的生活了……他在兴奋和等待中沉沉睡去。凌晨时分,愉快死亡俱乐部主任出现在他身边,果敢地为这位已深度麻痹的甜蜜男人,做了安乐死。在愉快与期待中,他带着幸福与希望,不知不觉死去了——俱乐部发言人说:本俱乐部遵守了最人性化的服务,密切关注来宾精神状态,目的就是,让来宾死得好,死得妙,死得毫不知晓,死时怀有最甜蜜的憧憬,协助来宾能够在幸福满意中,不清不楚死去——这是一日本小说的内容。

愉快中突然的死，其实是不堪的，记得一例：

电业人员在崇山峻岭架设电缆，当日工作内容是：布线量绵延数十里，每座山头竖起了电缆铁架，缆线已全部悬挂于每座铁架间，垂落于每个山坳里，只等给出信号，远山之外的大马力卷扬机发动，同一时间拉升电缆到一定的高度，工程就告完成。

在没有无线通讯的年代，这是个难忘上午，各座山头都站有观察员，手执红旗——卷拉电缆的命令，由远方终端的总指挥发布，只需第一人举旗，附近山头便可见到，于是依次举旗，山山举旗，如此一直传递到终点。现在一切准备就绪了，总指挥一声号令，红旗一举，沿线的红旗，次第举起，大马力卷扬机发动，快速牵拉整条电缆。

没想到的，是总指挥发出"拉缆"命令之时，沿线某观察员却没察觉到，就在脚下的深邃山坳里，有一青年走动，那是个眉清目秀的城市青年，口里背诵惠特曼的诗句，山风吹拂他乌亮的头发，他的双手拉住直落山下的电缆上，独自往上攀登，他是一小学教员，刚来此地就职，喜爱山峦，赞叹自然的魅力，他想及早瞭望山顶的风景，四面都是浓密的植物，根本看不清上方情况，山顶的信号员也看不到他；时辰一到，各山头小红旗高举，如烽火台发出连锁信号，数十里之外卷扬机同时发动马达，滑轮飞快牵拉电缆；而那位青年却独自在青山绿影间愉快呼吸，逐渐向上攀援，小鸟鸣啭，引发他胸中的诗情，移步换景之中，手里的缆线忽然猛地上升，他下意识紧抓十指，整个身体就被提升到了半空——刹那间松手还来得及，但一种本能的犹豫或选择，他双手紧攥，电缆 3 秒上升一个高度，立刻就是十层楼的高度，四十秒，他已高吊在一百八十米上空。到了此刻，信号员才发觉缆上有人，摇旗呐喊，可惜这种特别的旗语，没经事先约定，更没有步话设备报警的敏捷——其实即便是终端发现，立刻按下闸刀，倒车放线，时间仍然是不够了——信号员眼看青年双手悬吊高空，四周的群峦依然壮观美好，而他变为喊叫，为紧吊的沉重而痛哭，终于大叫一声，他掉下了山坳。

记得是 1976 年，我的朋友，北方小车站某卸煤工写信告诉我，某夜他开启了一节车皮，在布满寒霜的煤堆上，发现了非法搭车者，男女老少六口，以及一家子的锅碗瓢盆、被褥细软。全家六人紧抱一处，冻得铁硬。

估计他们是在山东、河北某小站扒的车，东北地区一直是"闯关东"终点站——有个兴安岭老伐木工说，不论民国初年，康德年间，还是现下，山中如发现一小块林间空地，独户小房，紧旁有零星的开垦田，鸡狗若干，也就是传统"闯关东的"终点站了，这个谋生方式，持续两百年了吧，离群索居，

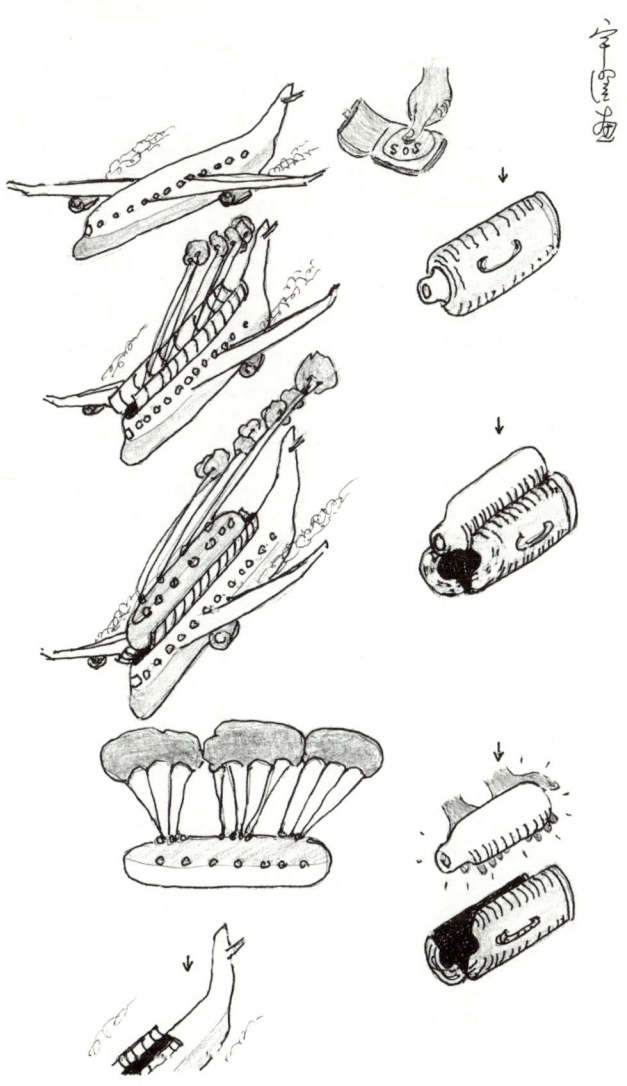

最安全航空概念・2014

无邻无朋，也许新到，也许已住好久了，不知今夕何夕，不知文化大革命，不知道 3 年前林彪飞机失事……

这个隆冬的深夜，铁路煤场的卸货稍受影响，卸煤这一行业，一人一把大板锨，每夜个人指标是 20 吨的量，在冬季车皮里发现冻死鬼，不算少见，但这次人数最多，而且一家子。工人们只能一贯确信，人冻死之前，都已昏迷，根本不会觉得冷，浑身甚至是阵阵发热——冻死在雪地的酒鬼，就有脱得光光的，但是这一次，六人都穿戴很多，抱得很紧，关内百姓恐惧东北的寒冷吧，唉，最大失误，他们一定以为慢班的货车、煤车是呼呼喘气，开开停停，一个小站一个小站临时停车，加水换司机，换"小烧"，扒车人都可以下来活动，暖一暖身子，没有料到，铁路上常有临时特快，在某时间段，货车也可两天一夜走全程，没一刻停留——在无穷无尽的寒风和雪花中，在铿锵的车轮与均匀摇晃里，人根本无法跳车，只能一直奔向遥远北方，奔向梦中的死亡，日夜蜷缩在飞驶不止的露天货车上，气温应会达到零下 50 度，甚至更低。

老幼六人冻在一起，一个巨大纠结的尸团，在零下 30 度严寒中，根本无法分开，体量极沉重，形状不规则，难以从车皮两侧的活门牵扯出来，最后是用车辆段的活动吊，小心卸下，摆放于一辆铁路平板电瓶车上运走了。按如今人道的设想，必先运送到一间有暖气的环境里慢慢融化开；当年应该是简单，一般的农民外出，身上不会有公社介绍信，全国百姓都没身份证，那时代的公安，无法联网公告以求尸源，一般鉴定以后，也就是掩埋了。

这一夜，装卸工朋友调了工作，改去另一道岔，卸下成吨的冻秋梨，这是东北主要的年货，梨子又小又黑，冻成一筐筐石头，咔咔作响，硬如铁蛋。

"大炼钢铁"年代，大小钢铁厂都愿意"高产报喜"——当时流行的一种虚报语言，也叫"放火箭"、"放卫星"、"向国庆献礼"等，某铁厂制发明了一种大容量铁包，炼出的铁水注入这大铁包，由天吊运到浇铸车间一次浇注，可以"多快好省"出许多倍的效率，但是铁包有暗病，某一次吊经车间上空，忽然就倒扣下来，全部通红的铁水，倾倒在一青年人头顶，烟雾消散后——其实只有一秒不到的时间，青年就不见了，车间中央出现了涅槃，一堆滚烫冒烟，逐渐黯淡凝固的铁水，大量消防水枪射向它，最后形成一整块几吨重的深沉黑铁，自然火成岩模样。

厂里所有人员，个个傻眼，不知如何面对它，面对死者家属，一般通情达理的解释就是，这位好青年为"祖国的钢铁事业献身"，内部"处置遗物"的现场会，某炉前工强调了铁水的高温，认为该青年死得毫不痛苦，也来不及痛苦，不用一秒，他就变成蒸汽，闪电一般死了。另一位技术员解释在物理意义上，青年人早已挥发殆尽，眼前依旧是一整块"支援国家建设"纯粹好生铁，内中已没有丝毫的人体成分了。

然而家属的态度，却出现一种意想不到强烈反弹，坚决要求保存这件巨大铁块，双方长时间协调无果，厂长只得同意留存，但它那么沉重，有那么大的体积，家中根本没地方停放，车间会议最后决定，将它运到工厂后院，算是青年工人的坟。很多年过去了，换了几任厂领导，大家已不记得后院有这么一块巨大的，不长一根草的生锈铁块，只有青年家属们有时来哭它。再是很多年过去了，这家铁工厂应该买断了工人们的工龄，厂子都已经改房地产了，不知这巨大铁块的最终命运如何。

（一位作家好友来信说，他忍不住把这节"钢铁坟墓"写成一小说发表了……这让我想到了体裁和篇幅的意义，表现短暂瞬间，哪一种样式才更合适？我并不明白。）

"红革"水泥厂，有巨大的球磨机数座，单机为一种直径4到5米、钢质横卧状的圆桶构成，桶侧有进料口，加入数十吨的石灰石料、千几百颗十公斤一颗的大钢球，盖上坦克舱样式的密封钢盖，启动机器，整个桶身缓慢滚动，依靠内部钢球的相互击打，将石灰石缓慢粉碎，研磨为半成品的粉末，然后入窑烧成水泥。

该日某个青年工人（又是青年）进入球磨机内检修，没有挂出告示牌，另一工人不经检查，没有喊话，关闭了钢门，开动机器。人与石头，就这样在缓慢旋转里，不露痕迹的内部击打中，全然混为了一体，人与岩石最终碾磨成了均匀的细粉，事后，只是在烧成的水泥里，发现了细微金属物质，即青年人的皮带扣或鞋钉遗留的金属元素。同上，厂方无法将体积更为巨大的几十吨水泥，做一座巨大的坟墓，而且这批次的粉末，早已按正常的工序送进电窑，焙烧成优质425号硅酸盐水泥了。鉴于这种高温的烧结，与处理尸体的方式一样，厂方与家属经过无数次事故协调，家属终于同意，取走与骨灰差不多的部分，其余都被用于某一建筑项目上了。

上两种当事人之死，已没有愉快一说，案发的情状，地狱也不过如此，芥川龙之介写到地狱，"血池"里被煎熬的"键陀多"，之后被天国之佛偶然发觉，念他在凡界不踩踏蚂蚁、常行善事，佛就放下一根蛛丝救他，天国池水下面是十八层地狱，蜘蛛丝顺雪肤冰肌的荷花放下去，就有麻绳粗细；键陀多抓紧了努力攀援，但此刻，同在血池里的无数鬼魅，同样顺蛛丝往上爬，键陀多担心蛛丝要断，咒他们滚开，一语既出，蛛丝断了，他只能重落血池中——芥氏写道："在佛足周围，玉石般洁白无瑕的荷花，浮起莫可名状的清香，极乐净土，大概已近正午了。"

读一位"有鬼论者"小说稿，全文细写某人在中心医院，白日撞鬼的经过——作者与鬼怪总有牵扯，屡遭麻烦，小说结尾，讲他经过省中心医院走廊，很晦气碰到一接尸车，他立刻躲入附近电梯，多次按钮，梯门纹丝不动，他明白有鬼挡门，惶恐犹豫之间，电梯的超重铃声忽然嘟嘟嘟叫个不停，让他意识到，鬼怪已聚集电梯，他已被鬼所围，于是大骇，夺门狂奔出去……

愉快轻松的叙事，只有《何典》的江南鬼话，讲了鬼家、鬼兄弟、鬼男女、鬼情事，名称繁多，活鬼、活死人、饿杀鬼、牵钻鬼、臭鬼、扛丧鬼、雌鬼、形容鬼、六事鬼、色鬼、轻脚鬼、豆腐羹饭鬼、谗谤鬼……这精神与名称被鲁迅称道。

人生最重大的变化，应该不是鬼，古人说死比天大，当然在日常流行剧或网络语言里，也随便出现"去死吧！"对白。

上海的普通家常女人，完全不是一般附会的 30 年代月份牌、40 年代摩登旗袍形象，满脸满身有人间的烟火，她们常用"死人"、"死腔"口头禅，凭其声气的强弱软硬，判断她们是表示愉快，还是愤怒。

沪语"屈死"一词，也是上海妇人的常用语，在开心、发嗲、扭捏、亲密时刻，更可前置一个"阿"字——称呼对方（大多为男子）"阿屈死"，更能表达一种柔情与怜爱，这与北方"打是亲骂是爱"，北方女子说的"死鬼"相似，爱恨交织，随意顺口。只是沪语版这三项的语气，忽然转换，即也就是"吵相骂"最有力武器。50、60 后上海女子，在公共场合厉声相骂对方"死人"、"死腔"、"屈死"，后一句的态度，更有某种的不屑——巴望对方的速死,必是委屈中的死,极不安的死,"死有余辜"的死——沪语"口眼不闭",即"死不瞑目","死",理该夹带更多遗憾才好。

最接地气也最丧气的,是沪剧的通俗经典,童养媳角色阿必大,一可怜的旧上海小女子,永是在公开场合,面对广大沪剧观众,被其恶婆婆无穷无尽当台辱骂,婆婆一口浦东本地话,屡斥她"死人!""死货色!""死不临盆!"

上海民间粗口,诅咒他人尽快死掉的条目,冷酷而充足:"死货色"、"死赤佬"、"寻死"、"黄浦江没盖头"、"浮尸"、"烂浮尸"、"快点跳黄浦"、"快去铁板新村(火葬场)"……浦东方言中,爱恨交织是"棺材"两字出现率高,"小棺材"、"脱底棺材"、"死棺材"、"长棺材"、"矮棺材"、"戆棺材"、"辣棺材"、"寿(蠢)棺材"……东北土话,只有"棺材瓢子"一例——棺材为瓢,居中的尸首即瓢——一般是转述病入膏肓的样貌,等于上海旧版语言"死坯",死,是一种已经定型的坯件,一种直接指向,直接的诅咒——着意丑化蒋介石的《金陵春梦》、《侍卫官日记》中,老蒋常挂嘴边的"娘死匹"之"死匹",可能是"死坯"的转音,这句有力的沪语,大约是从浙江宁波方面传入的。

值得安慰的是,任何地域的方言,都是依靠肉体存在与消亡的,一直在分化与流变,因此上述的恶语,在上海70后80后的人群里,基本不被使用了,只在议论股票的场合,听到某小青年滑出的一句上一辈老话："自家寻棺材困"（"自找倒霉"）。

他卧在车中，看到了高速路上方出现的"上海"字样，感觉司机连续变道，最后瞬间，司机拉了方向，他所在的副驾驶位置，迎面撞上了卡车，部分车窗立刻被削平。

他当时在这位置放低座椅小睡，没戴保险带，卡车后尾直接铲掉了面前的窗、车盖，擦着他头皮过去，前额掀开一个大口，血顺着后颈涌流，流到后背、后腰，他没发现自己流血，不觉得痛，他从车里爬出，立刻听到刺耳的警报声。

几乎同时，他竟然被几个蓝衣人紧紧扶起——撞车后的60秒，眼前居然有了专业急救医务人员，三分钟内他就被抬上救护车，难以想象——这就是说，在他飞驶的车后，在流动几千几万辆的车河中，有一辆回沪的救护车，一直紧紧尾随，不依不舍，紧跟在后，有如保镖跟班——世上就有如此巧事！他立刻被包扎，救护车拉响警报，三十分钟赶到上海长征医院，一小时内，他已经躺在手术台上。

痊愈后他对我说，如果没有这辆紧跟的救护车，他必将失血而死；如果他没放下座位睡觉，按照交规戴紧保险带坐直，也必死，强大的惯性，冲他到车的右侧，卡车尾部一个方铁件，直接插入后排正中椅背，穿透一个大洞——即使奔驰600、十气囊也没用，他如果不是滚到一边，只能留下人生最后一张数码照了，十字军东征一柄巨剑插胸的死样，交警拍下来存档。

说到这里，他和我都想到一位模糊而遥远的人物，一个叫大韦的上海青年。

那是深秋季节，收获的豆秸都集中在田垄上，等待机器脱粒，每天一早，我们用小锅炉的蒸汽喷管，化解冻住的脱粒机油管，每天都这样，我们和大韦就在这架小锅炉附近工作，修理常有故障的几台脱粒机。夜晚的白霜还没被初阳融化，寒风刺骨，脱谷机排出柴油黑烟，豆秸的香味，以及大地一般褐黄色的灰雾，为此，女青年们都戴着各种头巾，红，蓝，灰色头巾。大韦是组长，记得这个清晨，大韦独自回到小锅炉前，驱赶几位烤火的上海女青年，机器已经正常，她们可以去工作了，这段对话很愉快，引起女青年们一串"银铃般"的笑声。然后大韦在锅炉前坐下，也就在这个瞬间，他独坐的一刻，锅炉爆炸了，铁制的炉体并没有裂开，像是一匹飞马，一口有魔力的铜钟那样，整体腾空而起，飞落到十米开外的地方，携带大量蒸汽和烟雾，四溅的炉火引燃附近的秸秆，等一切安定下来，我们才发现大韦躺在地上——锅炉确实飞越他的头顶，但锅炉下方的铁脚，碰到了大韦的前额。我们蹲下身来叫唤他，发现他前额有一小块不起眼的伤痕。我们抬起他放在马车上，赶往农场医院，在一路的颠簸中，我们看见大韦的双耳流出了粉色的脑浆，他哼了一声，全身动一下，或只是马车颠簸，他就在去医院的半路上死了。

他是在四十年前被埋掉的,突然到来的死亡,让我们无法接受,之后有人解释成为这是一种"好死",大韦的死算是爽快的,应该没一点痛苦吧,他所安息的地方是"青年坟地"。我们和女青年们,在大韦的棺材里放了食堂里的馒头、"糖三角"、一盒上海产的梅林牌午餐肉、扑克牌、他的新皮鞋,还有他自己的照片。

如今有谁会做大韦去世四十周年的祭文呢。弹指之间,日子就有这样的久了。

合　欢

　　大伯母在二楼房间里跪了四小时，一直哭——她在空蛋壳里塞了价值可观的钻石耳坠、翡翠戒面、拆碎的南珠项链，用橡皮膏小心封口，同真鸡蛋摆在了一起，有位革命女工以前是蛋摊的营业员，本能发现鸡蛋的分量不对，及时破获了这批赃物。得到了这个消息，蓓蒂妈很不开心，她没有想到大伯母对运动这样抵触，因此她找到了抄家组织的领导人，表示自己和大伯母不是一样的人，大伯母是因为劳苦出身，才做出了这桩"下作事体"来——原以为这样的告白合情合理，没想到组织领导人很恼怒，很反感她这种结论，因此蓓蒂妈也被拉到房间里罚跪。她顺从地跪着，不服气地浑身发抖，说她根本就不在乎首饰了，1949年后就知道，她的首饰基本就没用了。

　　蓓蒂以后再读《暴风骤雨》，地主婆把"金镏子"藏在"骑马带"里，后来当啷一声掉了下来的段落。就会想到大伯母。

家里已经抄了一个星期，还没有结束。革命组织上门那天是在晚上，蓓蒂父亲早已经穿了男佣的旧短衫裤，脱掉了天文星座金表，滞留在大餐间门口，等待发落。后来，他就在人群中交出钥匙，有人不小心把餐台的一瓶波旁酒摔破了，八月的夜晚，吊扇无力地旋转，瞬息之间大家嗅到了一种陶醉的气味，此时外面涌进更多的人，在这一刻，来人仿佛是掉进了另一种生活里，虽然他们一路上已有所准备，知道不是去看一场绍兴戏，但临到置身其中，突然实实在在陷入这个空间，仍像被绊了一下，产生感官的冲击。眼前的情景涌动恍惚，是不需说一个字就可以明白的。整幢楼的电灯随后一一点亮了，组织者打开花园大门，把装有锣鼓、文具、铺盖和冷饮桶的黄鱼车放进来。很多人在楼上楼下咚咚地跑一趟，脚步笨拙——他们分不清房间的格局。

附近的里弄都聚集了嘈杂的队伍。淮海路"万兴"（"第二食品店"，现已拆除）几个大玻璃橱窗，一夜之间摆出了大量可疑的起获物：洋酒、罐头、小瓶阿尔卑斯矿泉水和廿四支装木盒哈瓦那雪茄，布满尘垢，年代久远，甚至已经"胖听"，相互粘连，标牌脱落。陕西路的废品收购站顾客盈门，大量处理旧书旧报和胶木唱片，有些户主是被人员押过来交付这些杂物的，不能算钱。

盛夏时节的东湖电影院还在放映《攻克柏林》。复兴路上海电影院每到散场，还无法阻止满堂飞舞的纸扇（每个座椅背后插有此扇),那都是和蓓蒂年龄一样的男孩子从二楼观众席扔下去的。她就读的长乐中学早就停课了,她刚读完初一,看到人群进入学校隔壁的天主教堂(现址为新锦江酒店),不久后的一天,她溜进那个神秘的穹隆之下,一切的喧嚣都被瓦砾掩埋,祭坛坍塌,塑像在黑暗里躺着,它们的彩袍是一堆堆斑斓的垃圾。野猫无声行走,麻雀在飞。仿佛这里必须经历如此的死寂,才可期待日后的复活。

现已是第几个晚上了,弄堂里的工人们围在黄鱼车旁边吃饭,工厂食堂的饭师傅,负责把冬瓜汤打在多个搪瓷碗里凉着,打算早些踏黄鱼车回厂。吃完的人很熟悉地洗碗,或在门口乘凉,几个壮实的男工从楼梯夹层钻出来,脱掉满是灰土的工作服,把绳索和锤子放在地上,抽烟歇一会。他们与在厂里工作的样子基本相同,但分明不是一般的上班,他们在这幢大宅里住了几天了,已有车间那份稔熟的神情。资本家居所的疑点,如壁炉、烟道、壁橱、浴缸、通风口、楼梯、踢脚板、顶棚、汽车间、煤气烤炉、老式冰箱(以冰块制冷),都将撬开认真检查,花园里的花坛和花盆要看明白,尤其是甬道上铺的每一块水磨青砖要看仔细,如果内中杂有仿制的水泥砖,估计十有八九夹藏金条。据一份内部通报的消息,徐汇区某人住宅曾就这样起获了不少十两的大条子。户主的家具、地毯、冰箱、电视、带自动落片的电子管两用座机,已经仰仗师傅们装上卡车,运回厂里办抄家展览,或是装到淮海路国营旧货店

（俗称淮国旧）立刻廉价处理了。家具和钢琴冰箱都十分沉重，厂里配备有丰富经验的起重工，动用大量劳力将它们从窗口直接吊下去。

主人银箱里现钞不多，一封一封的金条留着旧时的封签，似乎从没有打开过。箱笼中有不少金银器，几桌纯银台面（银餐具）及大小鸳鸯酒壶，各式银佛及纯银蜡签、香炉、香熏、手盂、花瓶、宝塔（每座大概高一尺九寸），小孩房里的银制小玩具（纯银汽车、畜车、畜栏、桥、篷船、舂米玩偶、"过家家"什器等），都表明了这是银楼业主的家私特点。它们在六十瓦的电灯下冷冷作亮。落地钟含混复杂的叮当声，一记一记在背景里回荡。不久以后，户主一家被集中在佣人的小房间里住下，其他的房间都由专人锁闭，每个门口都有人员守在地上，铺席子睡觉，这是经验性的安排。酒的气味消散尽了，整幢房子逐渐凉爽下来，夜已很深，清风穿过敞开的窗子，飘来黄浦江破碎的汽笛声，对于在此沉入睡乡的所有人来说，这一夜，都是极应记取的体验。

在革命来临前的一年（1965）某些周末的夜晚，一些时髦男女都应邀来堂兄家跳舞。如果那时蓓蒂在家，可以听见萨克斯风花哨的滑音以及客厅硬木地板上急迫的舞步。蓓蒂妈对堂兄很气恼，她告诉蓓蒂，一定要远离他们。"这些人是没有前途的。"她这么说。舞会组织者和来宾都出自资产阶级，没考上大学，也没有按流行的做法自愿去新疆务农，甘当上海的

"社会青年"。堂兄常是大包头发型,夏威夷衬衫,火箭皮鞋打扮,两部"三枪"自行车,喜欢新式密纹唱片和日本展览会。他还在阳台上建起一个鸽舍。

夜晚鸽子重复的咕咕声,一直在提醒蓓蒂,如果搬家,它们肯定会饿死或被吃掉。想到这里,蓓蒂心里高兴,根本不可怜这些动物。这幢楼要经历一次革命,她就要过一种新的生活了,住在这里的人最终都要离开,丧家之犬。她有点幸灾乐祸,希望楼上的阿飞堂兄哭泣,或哭丧着脸。

母亲拿出一张"派房单"给她看。她念上面歪歪扭扭的字:"某某新村……"蓓蒂自言自语:"工人新村?!真好呀。"母亲呆呆地看着蓓蒂。"看不到堂阿哥了,我讨厌他。"蓓蒂说。

"不懂事。"母亲轻声,恨恨无奈地离开了小女儿。是因为有外人在场,她才这样小心吐露辞句,压制慌张,提着允许她带走的一口旧藤箱,挪回了房间里,地板上到处是碎纸和杂物。蓓蒂有点无趣,决意不再目送这个几乎蓬头垢面、身着旧布旗袍的女人。她一溜烟下楼,镇定一下心跳,慢慢靠近汽车间的过道。

半小时后,梳着两条小辫,白衬衫蓝布裙的蓓蒂来到新乐路一幢房子,自从进驻抄家队伍以后,这里就有男女人员日夜看守——她见到了打算出门的阿宝正被门口的男工拉住。男工伸出留长的小指甲,挑开"劳动牌"烟盒的封纸,看定了阿

上海"凡尔登花园"之"大跃进"壁画·1958

宝说：啥事体呀？学堂早就不上课了。阿宝赖着不动。这时他们都看到附近的蓓蒂。男工说：有啥要紧事体呀？他抽出一支香烟，架在阿宝的耳朵上，拉过他来，在他身上到处摸索。住户出门，包括阿宝，都已经习惯了抄身，阿宝张开手来，很乖的样子，等摸索到裤裆，才有点躲闪。男人抓住阿宝的裤子不放，回头朝旁边女工咧开嘴，露出雪白的牙齿。女工有一刻不说话，突然对那男人尖叫起来：……瘟生！侬吃饱啦？！

暗绿色的24路电车驶过了，叮叮当当。听到了附近"咚锵！咚锵！咚咚喊咚锵咚锵！"的锣鼓声。

——他们最注意小孩了，说有的人家，就是这样把东西带出去的。阿宝说。

蓓蒂不说话。两人并肩穿过陕西南路，就看见了绽露在瓦垄间的合欢树冠。

蓓蒂一直想得到合欢树的全枝标本，曾经走到很多地方去找。有一次，阿宝打算回家，蓓蒂也要回去，在抬脚离开的那一刻，他们都发现小弄的深处，有一棵孤零零的合欢，端端正正，远远立在他们的视线里，像是个纸做的布景，或是一个树妖。

现在两人都看到树上停有一些浅粉色的小鸟，粉色的绒球，隐现在羽毛状的绿叶间。这是合欢树的化。

近景，很多人在弄口围着。嗓音嘈杂，"是吊煞的？""人已经死脱啦？""是吧是吧？""几号里的？""几号？"一辆救护车忽然驶出,车窗里伸出的大手猛摇悬挂的铜钟,当当当!当当当当!让开!跑开!跑开点呀!寻死有啥好看的!死人有啥好看呀!让开!

在这混乱难忘的时光里,一枝合欢树枝,有芽、有叶、有花、有花蕾的全枝,放进了蓓蒂的标本夹。

在告别时分,蓓蒂告诉阿宝,她要搬家了。

以后,蓓蒂再没有见过阿宝。教堂的废墟建起一幢临时建筑,里面有一尊近十米的领袖挥手塑像,巍峨耸立,耀眼极了。这座临时的上海油画雕塑工作室以及洁白的塑像,仿佛是一夜之间,从泥里长出来的,如火箭装配车间的格局。一些人员工蜂一样在塑像周围的脚手架上忙碌,十分壮观。这是"复课闹革命"期间蓓蒂突乎其然的发现。那时的她,已经变得沉静和害羞了,她的脸庞很白,前额明净而有光泽。她透过学校的北窗,最后呆呆地看着那个雕塑工作室。

时间通常就是这样,白天在飞快地溜走,仿佛夜就在眼前。

上下肢

上海人称外国人"外国赤佬"、"红头阿三"、"红眉毛绿眼睛"、"罗宋瘪三"、"矮东洋"……黄包车夫让外国人踢了一脚,"吃外国火腿"。上海人口中的"犹太人",并不是外国人,意思是"人精"。

之后就改口了,外宾,外国友人,外国专家……美国少爷兵,苏联老大哥。

有意味的是,不管上海人北京人,称其他人是"黑人"、"白人",却从不自称"黄人"。

西方预测,异种的通婚越来越多,金发人种会越来越少,只要夫妇一方不是金头发,后代无法继承这种发色,只有我们"黄人"不用担心,有朝一日自家小孩有一头金发。喜欢金头发或红颜色头发,要花 500 元去染。

郭沫若认定黄种人是进化最好的人种,因为体味淡,体毛相对稀疏。其实我们中等体型黄人,应该是世代辛苦耕作,吃糠咽菜形成的进化结果。我们节俭勤劳，吃所有可吃之物，也习惯了叠盘架碗，大宴宾客，喝酒当惩罚，模仿力强，有样品就能造，工细，一根头发丝上可刻《红楼梦》第八回，繁殖力虽有三十多年生育限制，上海人口早就负增长，据说寿数超过了纽约，总体人口仍是世界第一。其实我们的强大在于，黑头发本身是一口大染缸——哪怕再多色系的头发混合进来，调色盘一样，黑颜色永将终结任何的头发颜色。

看一段视频，当代非洲猎手仍旧徒步追赶一匹扭角羚，烈日下面人兽不间断持续奔跑了十三个小时，到了黄昏时分，猎手将标枪大力投向这匹野兽——它已筋疲力尽，呆立不动，听凭热血顺枪杆流淌到蹄壳和沙土之上……猎手快速肢解它，筋脉为绳，皮做包袱。这个夜晚就睡在树上，割成条状的兽肉也挂在树上储存，天亮后他跋涉一个整天，把肉干背回家。

这种消耗大量体能的奔袭，在我们早就失传了，祖宗早就培养了更多的温驯家畜，也因为我们历来腿短，夹不住高大的马匹，古画里的马都是那么肥矮温良，宋朝骑手的坐态，都像是陷入了宽胖的沙发里。《中国人的性格》提到中国人造房不讲究地基和材料，大概是与我们的体质有关，不主张消耗巨大体能，去做毫无意义的巨大石造系列，巴台农神殿、大金字塔等等——我们祖上的传统遗迹，基本是泥墙草棚、土木结构的历史，早就有了统一定规千年不变的木料砖瓦营造法，因此祖屋不易久存，朽蚀坍塌，失火烧毁，留下模糊的考古台阶和柱洞，这一切或许都与我们的体能有关系。

在世界杯或温网比赛的日子里，一部分黄人女性沉浸于电视直播的迷醉中；韩日球员在自己地盘上像模像样，有较多的进球，虽有极强烈的自信与激情，但是个人气质仍不及其他种族球员耀眼，想到遥远的男网华裔美国人张德培，当年是赵子龙风范，哀兵必胜，讲不来国语，白盔白甲跳上长坂坡，跟白种人盘肠大战，打出了不少超手球，但最后输在体力不支，两腿实在太短，那双名牌球鞋也更加笨拙。

每当男子处于近身角斗阶段，正是女子最佳的骑墙观望时刻，造化如此，即便不是原始年代的两雄相争、胜者赢取种群的剽悍、灵活、力量身段的雄性崇拜期，仍脱离不了雌性基因的原动力，在这一类不对等的男性赛事里，胜者基本是黑、白人种，等于还了自然本相——异种异性反复闪光的身体，高强度画面弥散的汗气和红土气息，使女观众如醉如痴——有一篇分析男子体质的论文写道：优秀球员具备超常的雄激素量，一般运动员的雄激素也高于常人，因此深得女子们的喜爱，是物种本能的精确反映。

中等强度，上肢运动的比赛，不给对手有身体接触的机会，那么棋类、乒乓、羽毛球、跳水等等，我们是当然冠军。

若需要身形像疯马那般快跑，比一比蹦跳、冲撞和爆发力，因是肌肉质量的人种限制，我们立刻败下阵来。拳击一项虽是依靠上肢，腿脚不派多少用场，但是赤膊交手近贴，真不好玩，在高强度的体力对抗面前，我们一旦遭遇黑、白鬼佬，夺冠的希望从来就是渺茫的，我们只能把冠军、双冠王金腰带让给他们。

好像全世界都知道，足球缘起于我们祖宗"蹴鞠"，记得国际足球组织马上就要开会，纪念这值得纪念的名词了，这是伟大的，舍我其谁的快乐日子，也为强化自我中心的中国足球，专家也已经具体考证出足球运动落实到我们大宋朝奸臣高俅的名下——虽然现如今我们暂时得不到世界冠军，但如果抢注册承认这项运动是我们高俅的发明，也好呀。

中国北方话，形容人脚力不稳："脚底绊蒜"——走进大蒜田里，两脚容易被枯蒜穗子纠缠，绊个跟跄趔趄，上海话"软脚蟹"，八腿没到硬化阶段，在沙滩行走就难，我们哪一天趟到西瓜地里呢？哪一天胯下出现一个个乱滚的西瓜和皮球又如何呢？

传统表达，我们一直是以上肢为不二法门的，比如《孔雀舞》的复杂纠缠，双臂、肩、脖颈、眉眼，更"文静"的有："阿哥龙吸水，阿妹云穿月"（《采茶》），"姐织白绫郎操琴"（《月琴》），无穷尽地演绎上肢，柔软反复，一无遗漏，手到眼到心到，舞它一个万端变化，千手观音，舞到花好月圆。上肢的表情，包括戏剧都是极高的境界，水袖之长，意象万千。虽我们也有祖传"抱桩腿"、"谭腿"、"阴截腿"、"戳腿"（鲁迅语），武生的金鸡独立、鹞子翻身、劈跨、盘膝、跪曲、匀速，牵动双膝转移，左右挪行，端平一碗水，细思量两腿脚尖，几百年绵密的长裙遮盖，碎步、云步、软鞋——莲步轻移，我们以看不到膝关节活动为美，脚面必须稳重隐匿。仿佛夸张了下肢，便有传统禁忌，是下肢弱势的长期遵守特征，血液遗传。

西人之舞，却都是以腿脚剧烈变化见长的，足球列强英格兰、高卢民间传统舞蹈，是全套的腿脚动作，复杂的花哨外露——减少上肢的机会，或只保持张扬或静止，怀抱双臂，或拉手转圈，腿下热气腾腾，自由多变，以腿脚表达内心。

意大利是芭蕾发源地，腿脚动作有一部词典。弗拉明戈舞铿锵有力，脚法细腻多变。东欧民间舞玛祖卡，高加索舞蹈，脚下功夫足实了得，热血沸腾，轰轰烈烈。

欧洲以后衍生的宫廷舞（小步舞）、探戈、狐步，继续研究，强调腿脚的复杂情感变化。

足球之邦拉美诸地，殖民混血的结果，在下肢舞蹈变化中，更发扬光大；印欧混血、印欧非混血产生的桑巴舞、恰恰，脚法眼花缭乱，激情洋溢。

因此，他们当然是天造地设的足球人，我们一直是陪练。

以前有幸见到本国舞者仿爱尔兰的踢踏舞团，在无比较情况下，集体敲打鞋底铁片，台上哗哗作响，像得了真传，等真正洋舞团一来，高下立见，缚手缚脚。

可以想见，这些有腿脚遗传基因的民族，脚下玩一个球，一个足球，是极容易的事了，两腿踏上绿茵场，便有遗传血液启动的激情。

古今世界都懂得物种改良办法，采用杂交法提高水稻品质，改换牛马肌肉、肺活量劣势，马匹的形体经过杂交，就可以变高变矮，或力大无穷，或疾骤如飞，忍辱负重，顺应人类的意志。欧洲重役马匹能够挽引十数吨的重车；竞技马和盛装马，都有各自玲珑轻捷的特点。葡萄牙出产的斗牛马也是改良的结晶，和西班牙斗牛不同，骑手驾役于场内左右腾挪，旋转奔腾，并始终以保持与尖锐牛角几公分距离为美，强调牛马进逼的生死之搏。中国矮小乖巧云贵走马，是另一种改良范例，它们无怨无恨，参加翻山越岭马帮队伍，终生行走于海拔三千米以上的崎岖小径，以贩货活命——在这类恶劣劳动的环境里，概念马的伟岸雄浑、英俊华美，基本不派用场。

常识就是，不能因赛事进行人种的科学改良，等于克隆人有违伦常，史上只有希特勒短期内建立了专门机构，筛选纯雅利安男女为国家实行"计划交配"，繁殖想象中的强健优秀后代，最后不了了之；前苏联和东欧幻想建体育帝国，辟有专门研究的秘密训练营地，至多也是在兴奋剂上动脑筋——不少游泳女人因此长出夸张喉结和胡须、雄浑宽阔的男人脊背。

人的标准身高，画论用头高为单位，标准男人 7 到 8 个头高，两肩宽处是头高两倍，会阴在身高 1/2——不对了，这是白人的标准，黄人按头高计，应减少 1 到 1.5 个单位吧。白人颅骨正面窄小，明显与脸如铜盆的黄人不同——江南民间有"困扁头"一说，小孩仰天久睡的结果，其实正是黄人的天相。如按这样的头脸来精算计绘我们的身体，部分习画者就有换算的麻烦——有一些画家直接以西人身材、脸相来处理黄人，照样可以欣赏。

虽黄人削肩、短颈、扁脸、上身偏长、短腿、曲线不分明，但这是西方标准，即如传统服装一上身，显出我们本有的体貌美感，独有的广袖长裾，衣袂飘扬，正也是武术赛事最亮点——不管如何的朝代，白人黑人穿黄人的衣装，因为高鼻深目，丰胸宽肩，举手投足，处处也气韵尽失。相反来讲，再如何的名牌西装，也是他们穿了才好看。

报载某体育教练听洋人议论国人身形，立刻回应道：我们有姚明，有刘翔！对方沉默了。而其实呢，我们是比他们矮，不够力量，有什么问题吗？姚、刘真的很少。

关于上下肢，关于足球，另外的好办法就是——真不如我们自己玩，上海话就是自家"白相"，也可以满足。我们如果一直痴汉想婆娘那样惦记世界杯，不如捧出祖宗运动，独自开展古雅宋朝的"蹴鞠"，就如日本人自家玩"相扑"——基本是自家得冠军。为什么不呢?

　　我们一贯有自家长处,有合适我们身心的比赛,另外是,由猿及人——和洋人比较,我们已进化到了不善奔走的地步了,这应该是人类文明的一种可喜表现。

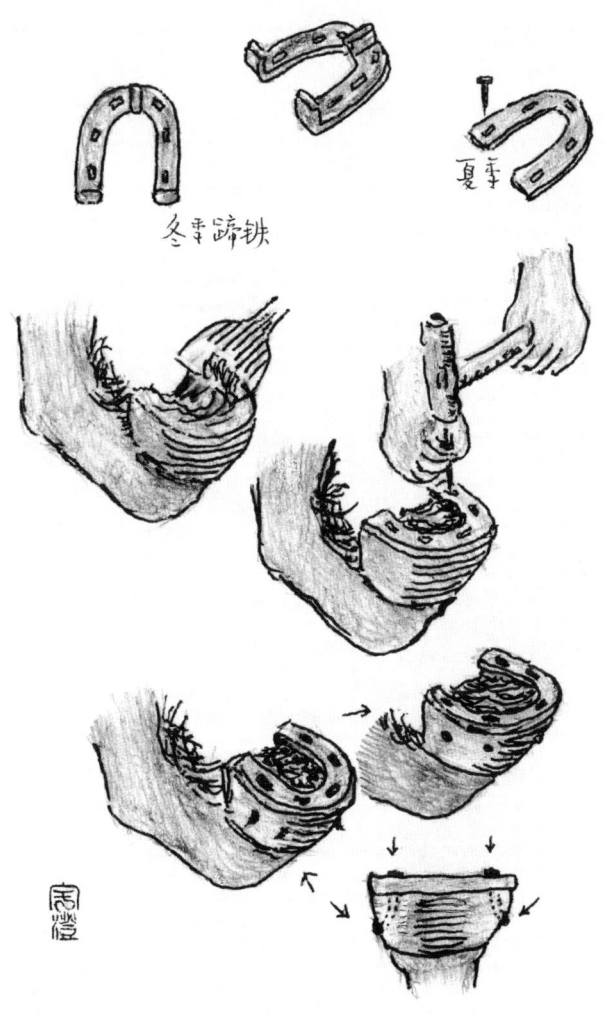

古英格兰王与敌决战,因马夫少钉一钉子,第四马掌掉了,国王落马,江山易主。

现实猫

网上寓言摘要：一只可以死活百万次的长命猫，一直孤傲无趣，之后碰见了魅力猫，方才成婚产子，等魅力猫最后老死，长命猫也真的死了。

现实猫的一生，基本毫无定规，庸碌无为，没有寓言味道。野猫在城里总有明显的隐士气，在花园和垃圾箱旁出没，尤其夜晚，如果不用红外夜视镜，基本不会知道它们更具体的内容。

有这样一夜，我被爆发的嚎叫声惊醒，窗外园子里，有一对大猫面对面等距离躺着，一只在月下呈蓝灰色，一只黑色。看几分钟，它们躺几分钟，尾梢微动。等我睡下去，外面立刻撒泼滚咬成一锅粥，开窗再看，依然静卧两只猫……一夜里它们这样谈谈打打，打打谈谈，算是造爱，后就一同走掉了。记录狮虎欢情的片子里，也是公母相向，倒卧荒莽，引而不发，咆哮撕咬……

家养的猴子分分钟想逃，人就一辈子紧拴不赦。越有奴才相的狗，主人越挑剔，只有猫的无政府主义自尊心，使人进退两难，欲擒故纵。个别怪癖母猫，一辈子只认主人，不与他者啰嗦，笼络收买也不理睬，这种事在母狗身上很难发生。

人那么多变，随随便便把一只小猫抱回家，等它挠破沙发，钻到席梦思下面呕吐，打碎花瓶饭碗，患染猫虱或长期叫春，或是一点不在它错，只要人一发怒，拎它走了三站半路，扔到八仙桥一条弄堂里走掉了，它就此成了一只出没房顶的夜行小兽。

在另一种时代心情的驱使下，人曾经把它塞进罪犯裤管里，一起鞭挞过堂。装进米袋，扔到铁轨上碾死。吊在法国梧桐上。沉到苏州河里，所谓"种荷花"之一。它们吃了死耗子，氰化钾中毒。嚼了诱饵，炸走脑袋。困难年代，也时兴用它缝一件暖胃小背心，精心镶配棉鞋棉袄的滚边。煲"龙虎斗"。副产品有"冰糖桂圆炖猫胞"。猫眼再如何的一汪秋水，如做标本，则要用两颗绿玻璃珠子来代替。

如果人忽然受不住它们撕心裂胆叫床嚎啕，即可以棒打鸳鸯了事，搞笑一些是点个"高升"炮仗扔过去。阴险办法是注射抑情针，用代替公猫形状的眼药水瓶嘴，私下给以羞辱……只有图坦卡芒君主，尊了它为金字塔的护墓神灵，使它闷在黑穴里面一万年不死……

很多的理由，都可以使家猫成为自由野猫战士。作为城市游荡者，它们的运势同凡人一样千万变化，中、下签水平居多，弹簧样的柔韧，落叶般轻贱。概括它们一生，不外是"……命犯天狗星，诸凡小顺，东奔西跑。时有脓血之灾，卒有暴败"。

如果家猫有九命，或许野猫是十八条半的命都不止，这是它们顽强求生的特点。另一种是警示：如果打死了一只猫，你欠了它九命。

以前有一些上海平民淳厚人士给小孩取名"猫狗"，一如北方人称小孩"石柱"、"铁蛋"、"小狗子"。当年笔者有一位昵称"猫狗"的小学同窗，拎了一只野猫，从泰兴大楼的七层楼直接掼下去，看它如超人克里斯多夫·里夫一样，张开四肢，飘摇落地，停在民房瓦面上，然后一个抖擞，一溜烟朝石门路张家宅方向跑掉了。

在一部游记内看到，东京人抛弃家猫，有剪除猫尾的规矩。那边只是把无尾猫视为野猫，光秃屁股是落草的标志，从此不再纳入家猫和音乐《猫》派对，由社区的志愿人员负责喂食。东京人的离婚和炒鱿鱼都不会去剪东剪西，只对野猫毫不暧昧的态度，是福是祸，也是一绝。这对于立志容留上海闲散猫的社团组合而言，不知发何感想。

动剪刀一贯是件比较难为的事情——剪脐带，剪清朝辫子，剪"阴阳头"，死囚临上断头台时剪除掉衬衫领子。西南地区传统殡仪也要拿剪刀讲话，未亡人见过了柩内亡夫，生死两方手牵一条红绳子，由主持人上来，剪彩样子隆重一刀切断，半截红绳留给死人，然后盖棺入土——男女两部电话剪掉了直接的联通线，无言独上西楼，怎再有丝毫的音信，幽明永隔。

想一想，不管是不是东京的户口，主人拉直了猫尾巴，理当百感交集，它联系中枢神经，灵活自如，保持平衡体态，伤口如何包扎，断尾会否黄鳝一样扭动不安，绕指溜滑而去，剪后的猫会否屎尿连天，突然疯掉……这一刻作为爱主，再如何的妩媚关怀，也是断然撕尽面皮，成为它不共戴天的仇家……难免双手痉挛，把猫咪仔细端详，拍拍抱抱，当啷扔掉了剪子，转念继续养它？如果王八吃秤砣，铁下心肠要起事见血，表明缘分到了头，像传统殡仪一样，预备止血带创可贴，磨快了剪下去，一切关系彻底玩完，真结束了。

需要说明的是：笔者在另一游记内发觉，东京有"无尾猫"猫种，并无"遗弃必须切尾"一说，东京人整鸡都不敢吃，剪从何谈起。笔者哑然。层层推测算白费了。

对于当代野猫，上海夜晚的弄堂和篱笆花园，可称是诱拐它们祖宗八代的座座危险丛林——很多年里，这地方常出没鬼鬼祟祟抓野猫者，摆设铁丝笼子，午夜后逐个回收。所获野猫

梧桐和无花果 · 1976

集中于郊外收购点,由一部神秘卡车一次运几百只猫到遥远乡下。通常那边都是山区沙漠,穷困崎岖的农家如果有一只猫,像渔民孤独船舷上有一匹吃鱼的大狗,是脸面有光的事。满是眼屎的上海猫,水土不服,先被拴狗拴毛驴一样拴一段时间,熟络了荒山风景。就这样,它们再不能听评弹开篇,盯住霓虹灯发呆,去不得小菜场和上海垃圾箱,没有小黄鱼靠子鱼,只吃老鼠,蚂蚱,吃玉米面馍馍。

那年代空气在颤抖,除集团规模城市围猎,个别食猫游击队员也零星行动,暗处投放自造大号鼠夹,或带有活门的水果竹筐,执行密杀令。

记得一位曾与笔者合用厨房的邻居——一位粤籍的上海中年妇女,大黑裤管,足跂广东彩漆厚底木拖板,靠在厨房的煤气灶旁边煲一只猫。她经常无所事事,边煲边吃,老火靓汤。热衷于揭锅观察窥视,到了时辰就在汤水里夹出一块猫肉,站倚着,肚皮挨住自家的厨桌,蘸一点老抽、蚝油就吃,眼神心思,完全专注于口唇两腮的欲念,吮干净每块细骨头。然后,往返无事走动了一阵,再次绕回到汤煲面前,揭开盖子,夹出一块……在现场,她能这样来回花费一两个钟头,慢吞吞吃掉小半具猫。

也看过她在仔细清洗一头死猫,没头没尾的兔子大小的身体。不知是深夜亲自出面辛苦跋涉自由搏击得来,还是相好者献奉的生日礼物。

在过去时代的农村,因无聊及饥馋,城市小青年假装欢快聚伙在北方老乡的火炕上,接受农户的阶级教诲,其中一穿军大衣的思想开小差者,暗地频频抚摸炕角一只酣睡大猫,然后,将其悄然抱起,裹入温柔黑甜之乡——大衣深处,然后,集体鱼贯告退。

非常时期,丰子恺先生因"猫伯伯"一句获罪,这是读音上"猫"、"毛"同音的方言敏感,民间为避上讳,人人不敢妄言"猫"字,这个短暂时间,也是野猫们的上海花样年华。记得一小学同窗德强,外号"德国人"报告说:——现在野猫胆敢大白天公开在大楼里走动了,有只老野猫,竟然钻过老式电梯拉门铁栅,慢吞吞进入电梯里,不再怕人。居民乘客木然看看它,不说一字,人与野猫一刻无话,共同平静乘梯上楼。德强说:老猫是不是挑衅?还是有要紧事体,乘了几层楼,就从来路——电梯拉门铁档钻出去,匆匆走掉了。发生这桩事时,德强已接替同学"猫狗",常在南京西路卡德大楼、泰兴大楼游荡,下午两三点钟,有时他顺大楼背面裸露的铸铁管道,向楼上攀爬,可以一直爬到七八层高,毫不害怕,他的敏捷身手很像野猫的一种,对大楼每一层住户窗台都相当熟悉,如果窗子开着,就翻到厨房偷各种玻璃瓶,倒掉瓶里的酱油、菜油,空瓶塞入书包,卖给废品站。德强与"猫狗"最不一样脾气是:对野猫相当敬畏,如果爬到四楼,适逢野猫趴在五楼横陈的下水管上休息，便在四楼范围活动，再不上去惊扰。猫看他，他也看猫，一上一下，一仰一俯，都是江湖里混饭，井水不犯河水。

传统认为，公猫的独腹心思更甚，因此有"雌狗雄猫，送人不要"一说。某些皮色的猫在血液里潜伏强盗脾气，最难招安，也有"白脚花狸猫——养不家（熟）"句。有趣的是，男人眼见种种野猫都有潇洒顽劣的英雄流氓相，跳得大楼爬得高墙；女人所见野猫，柔弱警惕，是冷艳的阴性角色。有位女士告诉笔者，某晚她曾被一只花猫跟了好久，等她稍有犹豫，猫就爬过来让她抱，哀怨悲愁，于是决定抱它回家，可是她每次打开出租车门，猫就花容失色跳窜出去。车一辆一辆开走，夜已深了，猫仍然坐在路边观看她，要她抱，表明它有车厢的噩梦。如此再三，人猫长时间拉锯，最后她只能离开，自己走了。她家太远。

有一阿姨的故事是母性主题：遇见一老妇在街头卖猫，篮子里拴着一只母猫，四只闭眼的猫婴在母猫身下吃奶，大小五口猫，一家子，很普通的草猫土猫，单买一只，老妇开价十元，全家一道去，四十元。很少见的出售方式。有多人在探头问价，实际是在观看少见的猫家庭状态。此情此景，有丰先生画意。

当然不是所有猫都如此轻贱。优秀血统两岁大的玳瑁色土耳其安哥拉猫（Toni）值25万英镑，第二代孟加拉猫600—25000英镑，曼岛猫、新加坡猫、英国银纹猫，每头实际售价200至300英镑，配一款1万8千6百港元的卡地亚钻石猫项圈，或玫瑰金镶黄钻面，外加欧洲琥珀作底，铭有家族徽记9万4千5港元黄猫生日项圈，www.andrespamperedpets.com 售出欧亚顶级水晶镶嵌，仿英女皇伊丽莎白后冠的猫皇冠，对小猫本身来说，都有纪念意义。

洪秀全曾叹息过："世道乖离，人心浇薄。"对猫而言，它们同样可跳龙门，也钻狗洞，一生始终被命相天宫左右，不测如此。

附文

儿子将出国念书，上周却带回一只细瘦小猫，前腿是虎猫花纹，半张脸黑色，下巴也是黑的，他说别人送的，等走时还掉也不迟。

这个别人就是他女同学，一位小猫至上主义者，经常收容流浪小猫，调养后再设法寻找养猫的人家——有爱心的女孩，她教会这只猫大小便，送了猫粮和猫沙。

小猫在儿子房间躲了三天，才上下走动，家庭出现陌生的格局，有时看它跳到电脑和鱼缸旁边，它在熟悉房间和家具，它自己也是一个特别的视觉。每人一到家，先去看小猫。

以后小猫整晚叫个不停，频繁呕吐，儿子隔半小时起来照看它，小猫吐出一条虫，24小时不吃不喝，十分虚弱。女同学急忙来电，嘱咐要保存虫子，带给猫医生看。儿子把虫装入玻璃瓶。妻说，儿子快撑不住了，就如整夜在服侍一个小孩——言下之意是，他体会到了母亲当年的辛苦，母亲曾彻夜不眠，照看着儿子。

儿子和女同学带小猫去看病，红血球600，正常值1000，体质极弱，需要吊针，第二天继续吊，费用若干——说到猫狗医院的黑，这次是领教了。儿子继续起夜，小猫两天不吃东西，仍然呕吐。按医生的要求，他在饮料瓶里灌温水，给它取暖，一小时换一次。

第二天继续带小猫去打吊针，妻子出钱，让他转交给女同学，希望小猫痊愈，请女同学留个电话——小猫以后再病，便于咨询。

当天小猫住院，暖箱观察。儿子说，女同学走进医院，立刻打开笼门，将小猫紧抱在怀里，真是一个心疼小猫的人——但关于电话号码，她说不喜欢和上一辈人啰嗦，决定以后还是她自己养小猫。

女同学的父母已离异，一直借房住，只和猫儿为伴。

她说第一次给这猫洗澡时，水里都是颜色，看来小猫吃过不少苦。

儿子说，他每次和女同学出门，都能见到被抛弃的猫狗，甚至看见有人把一条肠子拖在外面的小狗装入垃圾袋里，小狗在叫，被垃圾车运走了。

她曾经整夜抱着一个病猫，最后掐死了它，也许是想免除它的病痛才下的狠心。

小猫不再回来了，我找出两件猫玩具，给猫磨爪子的挂板，上有一个小红老鼠装饰；结有彩色鸡毛、小铃铛的一条细棍，是逗小猫打滚的玩具，这都是女同学送的——也许是儿子自己买的？现在没用了。

小猫还是死了——有天它吃了调稀的猫粮，突然叫了一阵，就不再动了。

医生说它得了瘟病。

很后悔当初没给小猫拍一个照片。

洗牌年代

有一位上海乱世英雄，来历不明飞贼，十五六岁年纪，神出鬼没的传奇少年人，半旧解放鞋，踏一部黄鱼车，普通少年的蓝卡其补丁上装、长裤，攀爬墙头铁丝网、水落管道，身形矫健，屡屡于"抄家"工作结尾懈怠之际，入室席卷所抄获的贵重细软，滑脚逃逸——估计是事先探明了存放财物的房间路线，然后趁夜作案，《夺宝奇兵》六十年代版。

一人作案，上海人叫"独脚强盗"，是最伤脑筋的案子，有"目击者"回忆，此贼力大无双，手拎两口西式皮箱，直接踏过插满碎玻璃墙头，顺三楼的房山悄然滑落，没一丁点声音，箱子上车就走，旋即隐入上海夜幕里。那时代没有110报警，等到整幢老洋房亮电灯苏醒过来，敲锣敲脸盆大呼"有情况！！！"已空叹奈何——世道大约就是这样，怕贼偷，怕贼惦记，辛辛苦苦查抄出来的革命伟大成果，往往也就这样不明不白付诸东流。

另有传闻,此贼是英伦小说形容的那种惯犯,六十多岁年纪,右足微瘸,苦习轻功的老手,轻易不出山,专门做高难度动作,每次箱笼都是挂到搽了油的铁葫芦上,一个个慢慢吊下去,"事体"做得不慌不忙,不留丝毫痕迹,上海话"清爽没一点老垢"。某革命小报曾愤怒表态:这个贼伯伯背后,一定还有黑手,如果确凿是革命队伍本身不纯,抄家者监守自盗,一经查实,必让他尝一尝专政的铁拳!从重从快!严办不贷!

乍浦路桥附近,就是四川路桥逆光的桥拱、河旁一系列西洋大楼,颇有密集财富之感,由此上溯到西藏路,河桥有七八座,桥桥相依,两岸风景差别不大。到了西藏路以西,也即沪西,河桥就相对稀疏了,随河蜿蜒到长寿路、北新泾一带,景观完全两样,极少再有桥,南岸纺织厂之间筑有高级职员宿舍,日、洋风格排屋,独立大宅,别墅,北岸则完全为流民棚户,贫民窟,田野,村落,设有渡口,方便工人上工——按现在说法,流民便是民工,北岸均属"违章搭建",50余年里只建桥数座,因此民间至今保持"浜南""浜北"说法,表明两岸价值的悬殊。

当年的上海生活相当低调,没有"豪华"消费,革命顾客可以大大方方自带一瓶油酱黄豆,一只咸鸭蛋,到"状元楼"等本帮馆子买酒吃饭,店内店外,一派"勤俭节约、人民当家作主"风气，提倡自我服务，自家拿菜取饭，店里甚至有标语——"本店为人民服务，不打骂顾客。"一般窃案的破获，是因窃犯本人异常挥霍暴露的马脚，或接到寄卖店举报，否则侦查员再四处探寻，常常就是空忙白忙，一方面秘密隐藏、一方面尽量打探嗅查，一旦接到"线人"告发——隔壁某某突一夜暴富，披金戴银，吃馆子泡夜总会……当时放眼望去，人人却都那样朴素，人人戴袖套，穿有补丁的劳动装、中山装，强盗与革命群众、资产阶级都差不多，因此这种案子一般就是死案，只能一挂了事。

那时代的世界，就这样摆动于不断地发觉、再一次隐藏的拉锯阶段，新一轮财富一旦暴露了，也容易通过各自顺畅管道，立刻以各种方式重新分配，离奇隐匿，悄无声息，所谓刚刚获得的财富，也就再一次消失难寻了。

例如抄家者查获的钢琴与家具，是天生的四脚命，以革命单位的名义运到寄卖店出售，它们各自也就立刻跑得一个四海是家，萍踪难寻。

一把法式软椅，移植苏联电影《第十三把椅子》神话，传说运到工厂参加抄家物资展览会后，一小孩在椅子上跳跳蹦蹦，意外发觉坐垫夹层藏有一叠美金、一卷"香港上海汇丰银行"股票等等。

一冶炼厂工人在熔炉前发觉，送来炼铜的大铜床脚特别重，里面装有多根"大黄鱼"，老秤十两一根的金条，几个明朝铭记的金元宝。

缴获古董级的细软——比如某某府一件清早期嵌金丝苏绣团花藕荷色夹袄，一片"二品"补子，一袭嵌镶灰鼠皮官服，十多年后竟然辗转到了某某剧团或某某电影厂道具间。

我师傅是在沪西某个垃圾筒里，拾到了几卷吴湖帆字画……

财宝与艺术品，过眼云烟，只说明它们具有优良的周转力，永不谢幕，永远在世，基本是永恒的存在，不管在谁人手里，中国外国，保存完好就是阿弥陀佛，无可遗憾。所谓的革命，等于从这口袋转移到那口袋，谁也不能保证再过三百零几年，再发生种种大小规模的暴力或文雅革命，主人是否投河悬梁，不要紧，它们基本是在的——理论上，它们只是被某一轮主人"代为保存"多少年，重新洗一次牌。

宝成桥位于沪西苏州河，南接叶家宅，北通光复西路，是工人走熟的一座人行小桥，在六十年代末的非常岁月里，在还没有压锭的那个时代，不管发生什么事，不管世道阴晴圆缺，这一带的南岸（浜南），众多棉纺工厂仍像往年，以隆隆的纺机声，吸引北岸工人们目光，吸引人去上班。"浜南"属于原工厂主的街区，北岸贫民窟，一部分在1950年代建立工人新村及改良棚户，几代工人住在这里，去浜南国棉一厂、六厂及周边众多纺织厂，毛纺织几厂，绢纺几厂，纺织机械几厂，手帕几厂上班，宝成桥是近道之一。

江浙籍的上海大户，习惯在阴暗的楼梯间储藏陈年绍酒，风闻这类绍兴酒甏的黄色泥封中，都夹藏金货，因此革命工作人员入户查抄，见到酒甏，立刻破封查检。某大户酒甏达数十件之多，一时甏倒酒流，醉气如酒肆。

淮海路口的上海第二食品店，左右两个大玻璃橱窗，1966年8月开始展览"抄家成果"，一位老观众直到今天依然神往，当年满橱窗的外国酒中，有一法国古董洋酒，三棱式玻璃酒樽，内里为三等分玻璃隔断，盛红、白、蓝三色酒液，瓶口也为三等分，可分别倒出各色酒液，也可混合注于一杯——等这个食品大展览一结束，两大橱窗洋酒洋罐头洋雪茄，完全不知所终。老观众说，他盼望的改革开放，是想再见这件特别玻璃樽，但即使是酒池肉林的今朝，也无缘重逢了，今非昔比。

最难隐藏的特征是人体的本身，大革命以前1940年代，据说本埠小范围行施过隆胸术，谁也不会预料到这种以外观得分的效果，以后便是一笔醒目旧账；有一"老小姐"，民办小学音乐老师，以前私下承认有这种手术史，也做了某阶段"大世界"舞女，到了革命的非常时刻，觉悟后的革命妇女立刻站出来，检举她惯与男家长勾搭，破坏革命家庭等细节，更重要的是她胸围的"堕落腐化"，肉体明显表露的道德败坏，害人匪浅。于是让她穿旧丝睡裙拖将出去，立于弄堂里示众，满面涂画《上海早晨》小说里的"蜜斯佛陀"唇膏，头发剃光，广大革命群众的批判眼光都盘桓于她胸部——二战后法国、荷兰等地人民也这样清算与德军有染妇女。

上海无数工厂辟有存放"抄家物资"仓库，存放资本家细软家具。某纺织厂两位看管值班男女，据说对库内一红木大床羡慕不已，某夜双双上了床，双双被捉于这张繁复刻工的大型床榻中。

——供词：……以前没见识，没困过这种三面镶镜子，房间一样的大床，现在啥形势？工人当家作主的形势，我可以享福，可以享受。两个人肯定是困到里厢，是呀，工间休息不可以呀？根本没乱搞，要我只工作，不休息？笑话。犯啥王法？现在啥世界？我劳动阶级革命男女不困，让男女资本家困？！

上海的革命小报、革命传单满天飞，人人要看今朝上海生发故事。某报称浜南某洋房，某革命组织发现了一名半疯女人——户主长期将她拘禁于潮湿的地下室里，头发全白，时称上海"新白毛女"。

某革命队伍，试图破除一长年停放某路某弄某号大宅汽车间之"寿材"，不料材身早让白蚁蛀空，即刻崩塌，露出内部一巨尸状蚁巢，蚁虫腾天，爬满人面，革命小将与看客四散奔突，避之不及。

另一日即有传单更正为：发生蚁祸地点，实为汽车间秘藏一块光绪年店铺之金字招牌内，招牌看似极为沉重，其实轻如

1990

2010

沪西桥景 A／B 版

棉絮，已密密麻麻被蚁虫蛀空，动之即塌垮，白蚂蚁已经长有翅膀，这夜飞腾起来确实是如烟如云，但当时无一人恐惧，无人奔逃——白蚂蚁最忌煤油，喷之即毙云云。

人行桥。人人推脚踏车走上宝成桥一侧的阶梯，一辆接一辆，顺阶梯边的斜坡上行，男工的前车轮，时常交错于女工的后车轮，车轮之间是弄皱的人造棉裙子、肥大的工装裤，一步一步推上去，河风吹开头发，眼前有飘动的裙裾、裤脚和蓝布鞋，随节奏向上移动，逐渐上移的车轮，车轮，苏州河就在眼前了，推车人熟悉阶梯边条条辙痕和级数，即使朦胧黑夜，也可上下自如。现看到了泊在岸边的垃圾驳子，船头冒烟的柴灶，上游的船鸣号，装棉花包子和煤屑的画面移动，桥面上无数移动的脚，轮辐闪闪发光。每户人家，父母、外婆、阿姨都是纺织厂工人，家庭情况差不多，此刻她和他双臂都感到一松，车已先后推到桥面上，一时有了登临快意。

三十多年前的一个暴雨之夜，她推着一辆自行车，是从浜南过来，去到浜北，她不习惯宝成桥的下行台阶，在雨中艰难踉跄，后座载着一件小而沉重的包裹，雨帽低遮她的面孔，雨水从帽檐流到鼻尖和下巴上，在陌生的小巷和鸡笼、木桶、水缸间穿行，雨水似乎从近旁的苏州河，直接泼到她的车和包裹上，攥紧车把，小心护住包裹，努力看一个一个昏暗门牌号，最后找到那扇门,镇定了片刻,停车。

——在灯泡的黄光下,这户人家看清楚,来客是属于浜南的一位久违了的表亲的女儿。

打开湿透的包袱布,她双手搬出一个马口铁饼干罐,装有"小黄鱼"(旧制一两一根的金条),压低声息,慎重托付户主保存。然后转身,消失在雨幕之中。

一罐黄金,由一双手秘密递到另一双手,雷声隆隆,全场灯灭,大幕落下。

在以后的漫长时期,浜南,浜北,一户曾经的富人,一户曾经的赤贫,依照着过去的方式,没有丝毫的联系来往,印象中的大雨,似也再没有停歇,一直下个不停。在某年的某个夜晚,那位曾接过沉重黄金罐,答应代为妥善保存的户主,在大雨中去世了,临终之时是否遗嘱后人,家里藏有一罐沉重的黄金——也许最后的一刻,弥留者及后人都已忘了浜南的表亲,包括这个铁皮罐子。

事实只是,这户人家没通知浜南的表亲前来吊丧。

等上海雨止放晴的一日,表亲由浜南慢慢踱到了浜北,得知户主的死讯,客套几句,谨慎询问到黄金罐的下落——对方的表情却是惊讶,确实记得有这样一个夜晚,表亲的女儿来过一趟——确实清楚记得,双方当时客套的细节,留她吃便饭细节,匆匆告辞的细节——此外不记得还有其他,不知有一个这样的罐子,是黄色还是红色的"泰康"饼干罐?里面装了黄金,还是装了玫瑰红腐乳,实在不记得,没这个印象。

表亲明白,黄金罐就存放在这间破败的棚户里——他立刻被允许进入这间破房子,如当年精明的抄家者那样,他仔细察看每一道缝隙,每一寸可以怀疑的地方。

但是没有发现黄金罐。

在以后无休无止的交涉之中,黄金罐逐渐演变成暴雨中的一个神话。

再过十年,二十年,浜北的这一大片棚户终于拆掉了,宝成桥沿岸换了风景,乃至原有生态完全彻底被抹去,苏州河的旧貌已流入了黄浦江,流向大海深处。

阳光映照于宝成桥,人人上得桥面,就有了景物,有栏杆,有小贩。但是桥本身已装饰为巴黎塞纳河洛可可的相貌,风景大异,数年前对岸那些残存的厂房,早已换为高楼,浜北棚户也变为高楼,众多直立高楼,南面国棉六厂改为四周彩绘的"家乐富",武宁桥遥遥在望,它也恍然巴黎,是"亚历山德三世桥"的金粉金身,曾经那些摧枯拉朽的1920建筑,那些有力的肌体,挥舞竹柄大锤敲打的镜头都熄灭了,河上没有任何的船只,在各个角度,包括河水,可以说除了河床,当年运送无数粮食、棉花、粪便的这条弯曲的航道,完全消亡了,周围都是陌生的楼了。

十多年前沿河这些景物残存的时代，法国青年"让"，带着他的女友安娜，在长寿路桥的苏州河畔租了一间民房，让初次来到上海，因为他的电影编剧计划，得到一笔经费，让的电影内容是：三十年代一上海纺织女工与一法国男人之恋情。出租房的东窗，面对苏州河，楼下是昏暗小发廊，盒饭摊和公用电话亭，他们出门喜欢走西苏州路，让喜欢吃豆制品，喜欢已经走过十多遍苏州河两岸。

这也让我想到1988年，一位日本研究生拿着三十年代出版的日文地图，整个暑假在沪西苏州河这一带转，踏看大量的纺织厂旧址，"浜北"的工人棚户，访问老工人，她有着年轻的面孔，一口苏北上海话——"大自鸣钟"、"草鞋浜"、"内外棉"、"潭子湾"、"洋钿厂"、"包身工"、"顾正红"……

纺织女工、细纱间、法国男人、杜拉、资本家、黄色工会、罢工、请愿、饭碗、马桶、"拿摩温"、恋爱、汽笛、抄身婆、船、雨……

苏州河流经上海，最奇特的几个河湾，都集中在这里。

但是黄金罐呢，传说它有五公斤重，有人说是五十公斤重。

传闻与谣言，永生永世的徘徊。在大动荡或大平静的时代，世象光明剔透，毫发毕现，也是浓云笼罩的黑天鹅绒帷幔，可以揭开和掩盖任何的声音和细节。

嚎 叫

老师的老师,我称他"老老师"。我们在草地边喝茶,老老师喝热牛奶,坐在大樟树下的铁椅子里,一段时间,他眼睛半开半合,几乎是睡了。

有对新人,正在附近拍结婚照,白色反光板,白婚纱,白色百合花球。

花球先由白手套的十指端住,捧着,到结束时候,有人拆散了它,最后从新人的头顶撒下来,落到草上去。

隔着高墙,就是上海马路的喧哗。

结婚的人都离开了。

暮色升上来,日光暗下去,暗到开灯。

人死是最麻烦的,老老师忽然说。

生硬的题目,在新人离去之后。

——这时候,你就要准备去吃苦,就是这样,一切都不好了,没有胃口,没有去商店的打算,你不会去买一个台灯,换一个窗帘，买皮鞋买袜，等到你不想如何买东西了，你肯定就是要死了，病痛越来越多，不会再好了。

后来，老老师回去了。

一天就这样结束了，草地上熄灭了全部的场景。只有树、草，夜风。真正安静下来。

回家，坐在公车上看考试题目，后来睡着了。

死是一个矫情的题目，是老老师日常的议论。

人人将经历别人的去世，面对各种死亡。

避讳殡仪馆，是很多人真实的想法。

静看化妆师为一死者美容，镊子和药棉，是这行业重要的辅助品，塞入凹陷的眼皮内，铺垫在口腔两侧、门齿前，尽量调整恢复面容的状态，使尸体更为安详，防腐处理过程也比较简单，两腋静脉割开，接上富尔马林输液软管，顺着液体流向，在死者四肢部位按摩，不久尸体开始逐渐僵硬。化妆师说，很硬。我按了一下，有如岩石。

化妆师看看我说，隔壁是车祸尸体整容，半个面孔都没有了，去看看？

见我不说话，他说，我们工作难度高，假如爆炸案，飞机失事案，修复就相当难……还好，我还没碰到。他说。

一员工在焚化炉子前介绍情况：大家可看一看，我们这里都是第一流的，看看，烧得质量多好，有多白。他从一个叠垒

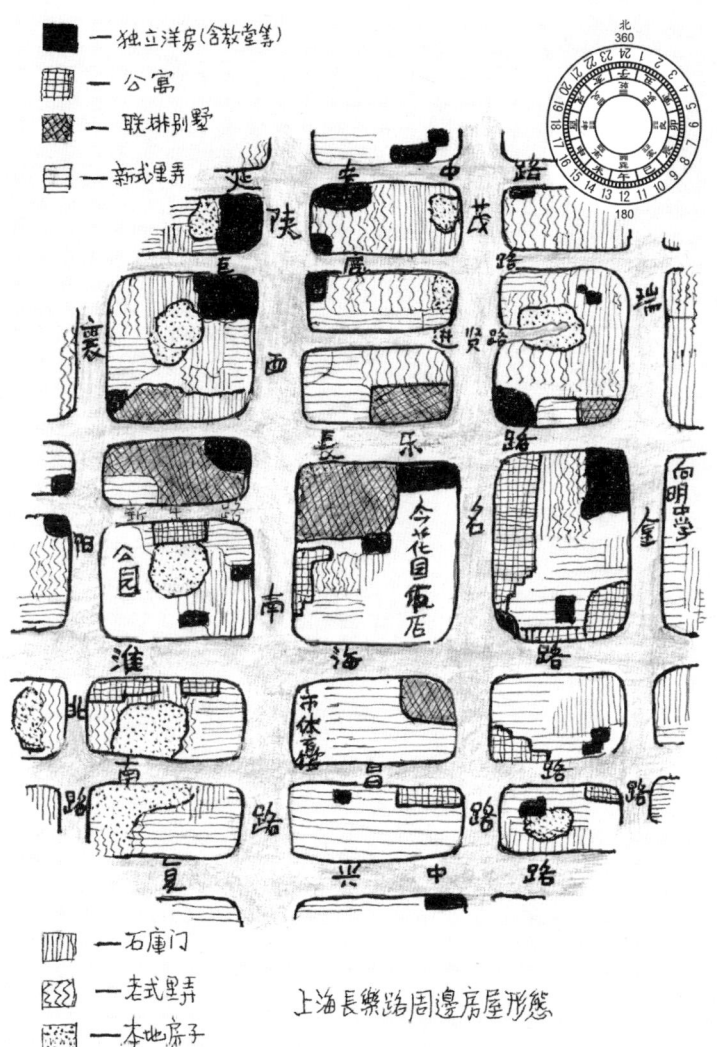

上海长乐路周边房屋形态

起的四方铁皮盒里,拿出一块烧结的骨殖,如白色珊瑚,一些粉末掉下来。

每个铁盒吊着亡人的牛皮纸标牌。一叠有十多个铁盒,从水泥地上叠起来,每个都是满满的。

比赛结束了。

馆领导请媒体朋友都不能走,定要到附近吃便饭,其实是几桌早就定下的酒席。包间很冷,看到化妆师夹起一筷子麻辣肚片,心里涌来一种复杂的崇敬之情,难以言表。

恐惧死亡,恐惧自己没有眼泪。祖母去世,非常悲痛,却没有眼泪,不知怎么哭不出来了,急迫,但没有办法。

对于死,总觉得不应该和习惯的场合连接在一起,好比,死就代表是殡仪馆,这总有什么不对的地方。

死应该有自己的样子,但想不出来。

——还记得那部电影,最后的骨灰,是被一伙人倒在摩天楼顶端的女墙上,然后大家后退,肃立默哀,此刻来了一阵狂风,摇到一个近景——女墙上,什么都消失了。

"将来我不要殡仪馆,把骨灰埋在树下就可以。"

有次看到电视中的告别仪式,这样对身边读小学的儿子吩咐。

一位长辈患了老年痴呆，已不认识所有家人了，两个月前还摔坏了胯骨，一直躺在医院，经常去看她，谁也认不出来了，没有表情。只是前几天尝到小排黄鳝汤，据说她眉毛一扬，显然知道滋味很好。这反应，说明她的病还不重。书上说如果病人忘记如何吃鱼，如何吃螃蟹的程序，是一个阶段，最后，会忘记如何咀嚼，如何吞咽，那才是彻底的遗忘。

想到了一部日本电影，记不得片名，一位热爱俳句的老教授，喜爱一种习惯，每临湖畔夕照，就吟哦经典，对准落日高声朗诵。之后，他得了老年痴呆，最后糊涂到吃屎的地步，但电影结尾有一个细节——孙子领他走到湖畔的老地方欣赏落日，当他看到久违的平静湖水，一轮即将沦落的夕阳，他忽然如一头困兽，一只受伤老狼那样断断续续，语焉不详地大肆嚎叫起来。

附记

关于死的摘录：

——"她的死不是由于被捕，而是被她的亲伯父缚送给当地驻军的。这说明旧中国的代表者是如何残忍。同时，在赴死之前，她曾把所有的三套衬衣裤都穿在身上，用针线上下密密缝在一起。因为,当时宝庆青年女共产党员被捕枪决后,常由军队纵使流氓去奸尸!这又说明着旧中国是怎样一个血腥,丑恶,肮脏,黑暗的社会!从听到她的噩耗时起,我的血管里便一直燃烧着最猛烈的热爱与毒恨。每一想到她,我眼前便浮出她那圣洁的女殉道者的影子,穿着三套密密缝在一起的衬衣裤,由自己的亲伯父缚送去从容就义!"(王实味)

巴别尔小说《红色骑兵军》:

——儿子写信告诉母亲,他始终在寻找当白军连长的爹——去年,他和哥哥曾被爹的军队俘虏,他眼看"爹他老人家"一刀一刀割掉他哥哥的肉,一直割到天黑,哥哥才断气。"爹"说:"我操大了你娘的肚子,以后还要操大她肚子,要把我的骨肉,一个不留地干掉。"儿子在信里告诉母亲,日前,他的红军队伍,已经抓到爹了,有人用皮鞭抽打爹,问爹好受吗?爹说不好受。问爹,你割下儿子的肉,知道儿子好受吗?爹说不好受……在信里,儿子请母亲原谅,红军处决爹的时候,他被支开了,他没法给母亲形容,爹是怎么给结果掉的。

——一个士兵进入被占领的民居,满室狼藉,后来就席地睡了,士兵在梦里发现,自己打穿了长官的脑袋,惊慌失措之际,被身边一位孕妇叫醒。孕妇摸索士兵的脸说:老爷,您刚才又叫又踢,把我父亲踢着了。士兵这才发现,身边的破布堆里，有一具被砍得支离破碎的尸体——孕妇父亲的遗骸。

红色骑兵军是八十年前布琼尼元帅指挥的队伍，苏联小说家巴别尔记录的这支军队，人物都出自真人，使用原型的真名，凝练简洁，时有点睛之笔，某人评语——"他常常只需两三页篇幅，可写别人一本书的内容。"

作者表现的人生场景和内心纠葛，使当代人联想到现在，联想到死亡，乱世考验，想到波黑、阿富汗、伊拉克战争，或中东电影。面临洪荒崩坏，人仍然可以不懈努力，接近一己的愿望，这是作者可贵的文学观察和魅力。

高尔基称巴别尔是俄罗斯当代最优秀的作家。1936年海明威在信里说，非常喜爱巴别尔的《红色骑兵军》。

1938年，巴别尔被当局逮捕，历经严刑拷打，承认了莫须有的通敌罪名。1941年的某个凌晨，四十七岁的巴别尔在苏联内务部卢布扬诺夫监狱被枪决。

面对死亡，他在最后陈词中说，他是无辜的……只请求一件事，完成他的作品。

他就此在苏联消失，作品封杀，当局隐瞒他的死讯，以至后十多年里，西方一直以为巴别尔仍在默默写作。

他留下的《红色骑兵军》，受到博尔赫斯、厄普代克的盛赞，西方一些评论家认为，巴别尔是一位可与海明威相提并论的伟大作家。

1986年，意大利《欧洲人》杂志选出的世界百位最佳作家,排第一的是巴别尔。

2001年,美国亚马逊网上书店给《红色骑兵军》五颗星的最高评价,书店售出六十六万九千余册的纪录。

难忘的伊萨克·巴别尔。

上海水晶鞋

小家碧玉的简,一直自以为清雅脱俗——无论姿色,品位,时尚观,与这座城市一直是相配的。

简同时也否认了这年龄层大量女子那样,有相对薄弱的自信期限。

尤其是购物、阅人,简极少会走眼。男朋友宝隆,也是一位有悟性才华之人,背得出几百只名牌,也只有宝隆可以看清楚,简不是一般意义的出门,她的咖啡色手袋值几万几千港元,手表是水货江诗丹顿……宝隆这一类的直率,简以为是一种默契品格,包括同事,包括简其他男女朋友,基本缺少这等眼力和细致。女人的手袋不管高低,最好是真货,比较外在,是女人难以遮盖的器官之一,当然也因人而异,有人是要围巾、大袄、皮夹、眼镜、底裤必须名牌……这类物质的名目,假使乱了程序,有了瑕疵,简就会寂寞难耐,拍遍栏杆,早起眼皮浮肿。

对于宝隆来讲，简的辨别力实在敏锐了得。假如宝隆是一种死记硬背的"技术派"，简就是彻头彻尾巴的新直觉派。眼神明亮，嗅觉极其出色，通常只凭借整体感觉，就可以快速判定一桩事物，比如打量一陌生人，稍事一瞥，对方的气质装束，举手投足，就晓得了大概。

有年秋天，宝隆领了一个浑身名牌的妇人喝咖啡，自道是从美国回沪度假，准备做德国牌子大陆总代理，只吃素菜和日本料理，但是这一类话题逐渐忘记了德国，最终离不开日本男人了。事后简就对宝隆讲：美国人，德国人，哼哼，肯定是美国人托管的塞班岛这种小地方来的，现阶段这批女人，全部是做东洋男人生意的"煤饼"了。宝隆唯唯。简难免埋怨宝隆交朋友缺少档次，已到了堕落地步了。宝隆解释，对方是老邻居，住过一条弄堂，仅此而已。

简不会再多啰嗦，塞班做生意是啥意思，当年日本普通游客去塞班最多，日本中年工薪男人普遍自卑，面对漂亮洋气年轻姑娘有障碍，比较吓，只喜欢大龄普通妇女，身材不重要，所谓"邻家妇人"——塞班这种地方，大龄亚洲女人多，生意太好。

某一次饭局，有个男人豪爽健谈，不像文人，不像做生意，不做官，但可以样样晓得，可以讲地皮，讲股票、汽车牌照，懂法律，懂官司，全部有联系，有把握，侠肝义胆，小市民八卦，万宝全书也可以讲，上天入地，好像这世界再大的麻烦困难样样可以解决，表面亲切，骨子里傲慢。简靠近宝隆讲，这个男人肯定是警察——事实结果也确实。

多少个光阴过去了，简这种世故、冰雪聪明的眼力，牢固保留于宝隆心头，让他经常有醍醐灌顶的感觉。

事实真就是这样，多少陌生面孔，陌生的未婚、已婚男人，对简产生了微妙感觉的磁场，地铁车厢，商务楼走廊，饭店包房，简已养成观察陌生人底细的习惯。

相处了数年，简和宝隆已心知肚明，晓得双方最终不会有婚姻有结果。确实也禀赋相投。以后一个阶段，简为宝隆介绍了几位背景优渥女友，宝隆也带了一些境外客户跟简吃饭派对。这座城市要引为同道，结婚证是最大的障碍之一。宝隆的原话。

有一趟，简和宝隆到一间俱乐部去坐，同来两位台湾客人比较随俗，过不多久简就感到气闷，躲到化妆室里抽了一支烟，等回到走廊，外面落了大雨。大堂两个司阍小姐跟一个男人的对白，引起简注意，一时还看不透独身男子来路，问到此地消费标准的样子，也尴尬陌生。简免不了详细看几眼。男子客套了几句，不进包房，坐到大堂沙发里，像是等人，也像避雨。两个司阍小姐眼神沉默，简读到多少的冷淡。可以理解，立了四个钟头的细高跟，脚踝脚背一阵阵发痛，哪里还有心情和这种穷男人多费口舌（上海老男人讲，就是"多费樱桃"）。这个男人闷声不响，看看表，米色夹克皱巴巴的，皮鞋完全湿了。

简静下心来，定睛细细看过去，发觉男人上装夹克是AIGNER，鞋子不起眼，看明了是意大利费雷东，也就有一点为男人的境遇不平，但简也要离开了。

戏剧性结尾是，等到简陪同宝隆的台湾朋友出门，大堂这位男人也立起来……这位迟到男人名叫方哥，某港资机构沪办老总，是台湾男人的重要客户。身份证实的短暂时机，灯光就像是亮了四千多瓦，有熟人陪衬，简眼中方哥这一件上装，更是养眼和顺，完全是旗舰橱窗的衣架了。

以后，也就是简跟方哥四十六天蜜月期了，直到方哥接电话回港结束。离沪之前，方太由香港来过上海一趟，简虽然检查了两遍，卧房、浴室，上上下下，消除自家所有痕迹，方太还是感觉到了异常——方哥从不请女佣，但壁橱里却有一块熨衣板，衣橱里也看不到一件皱巴巴外套。简的认真习惯，让方哥露出了破绽。

方哥曾经跟简讲一个故事——有一个日本爸爸出差半个月，回来的当天，爸爸的孩子小野照例要求去放风筝，这一天横滨风大，风筝上上下下摇摆不停，头重脚轻翻跟斗，小野收回风筝，忽然就解开了爸爸的领带，代替风筝的尾巴。爸爸静静坐到草地上，看这只系有领带尾巴的风筝，扶摇直上，升到蓝天上面，悬挂停当，爸爸的心就沉落下来了——爸爸晓得，在他出差这个阶段，老婆有了外遇。

按方哥的脾气，这故事一定对许多女人讲过，包括方太，但对当时的简来说，已毫无任何现实意义，虽然许多天后，简半夜醒来，还会感觉到方哥轻微的鼾声，实际只是南京西路通宵公车引擎依稀的震动。再以后，什么也听不到了。简心里明白，人跟香水是一样的，即便收进水晶樽的保加利亚玫瑰精，最终也会挥发殚尽，人一直是想满足于现在，就像蜡黄的江水经过黄浦江这样，不会有一刻停留。

简第一次想到嫁人，是这一天黎明时分想定了的，她坐起身，对镜子褪去方哥买的软缎英式睡裙，踏到地板上去，看看自己两只赤脚，光滑的肩膀，一道晨曦，正好从城市屋脊上显现出来。

——对方必须单身，有相当实力（这不会走眼），有"上进心"，其他可以不论。宝隆晓得，简讲的这种内容，其实就是一般有理想女人的经典三段求偶句。宝隆不多啰嗦，只是讲目前有一欧洲男人，要寻一"上海女孩"结婚。欧洲男人第一次来上海，几年前看了一部翻译小说，从此相信世界上最雅致女人，就是上海女人，因此要找一个上海姑娘做妻子。其他背景不明朗。

花园，鸟叫，玻璃咖啡桌，水杯，暗蓝塑料袋简装土耳其

见领带飘在空中,他知道妻子有了外遇·2003

烟丝,波兰卷烟纸,一只骨节粗大的毛手,拿过一撮烟丝,熟练卷烟……手腕不戴表,黑毛浓密暴露于粗蓝布料的袖口之外。花香中涌出一股呛人难闻的烟雾,简看看这些黑色硬毛,绵延到手背和手指上,黑熊一样坚硬的鬃毛……

简明确告诉宝隆,对这位卷烟男人,她根本毫无兴趣,攀谈几句,也就告辞了。

意思就是,她根本不可能喜欢只穿了一件蓝布工作服的外国陌生男人的,无法容忍坚硬的熊毛,简不是一匹雌熊。

本来也就是一桩笑谈,花园茶会就这样结束,但是宝隆房间的钟点工小凤晓得以后,多出一点点涟漪来。

小凤十九岁,小眼睛,圆鼻头,因为年轻,还算唇红齿白,她一向穿简的旧衣裳,有的还算合身,有些显得紧绷,整整齐齐,也拖拖拉拉,聪明伶俐,狡猾愚钝,等宝隆跟朋友挂了电话,她就软声求宝隆,要来这个外国黑熊的地址姓名,小凤要去一趟酒店,她以前养过几年羊,全部是黑颜色长毛的山羊,因此无所谓黑熊的黑鬃毛。

一个月后,一个春风浩荡、冬眠苏醒的时刻,小凤嫁给了黑熊。

从此,简就将黑熊归类为欧洲乡下人——只有乡下人是这种态度,捉到篮里就是菜,分不出上海跟外地的位置。

宝隆笑笑说,上海有啥呢,全是人,男人跟女人,只要到了上海,就是上海人呀。

几年光阴,如南京西路耀眼车流一样滑过去,光华夺目,却看不到可以捏紧手中的贵重记录,结婚的念头与时俱进,生活却样样朦胧,跟常人一式一样,看清的永远是面前的风景,不断换改的日程表,聚散分合,朝九晚五,日寝夜出,南京西路传送了多少滑过去的新面孔,似曾相识的饭局,咖啡气息,衣裙与手袋的过时展览。简一直笃定如泰山,拈花作一笑,保持镜子里好相貌,好神彩。只是有一日,做脸的小芳轻声对简讲,她眼角旁边的角质层明显增厚了。简一声不响。

三年后一个刻骨铭心的下午,宝隆告诉简,小凤回来了,住静安五星酒店,这夜要请宝隆吃饭。

这消息对宝隆、对简逐渐形成不小的打击。

去看看。宝隆讲。

去酒店的路上,简已经得知这头花园黑熊是北欧望族,他的名下有四座森林,六架直升机,养殖了虹鳟鱼的高山水库两座。

音乐声忽然钻过简的内心,慢慢流淌起来,迎对冷风,简回顾蹉跎的南京西路,偶然发现波特曼的顶楼,冒出一只黑毛茂盛的粗手,噢,是机房排出一股柴油烟雾……

小凤的房间,电话无人接。

总台先生说,客人刚刚起来,是去本楼美容部梳妆,昨天也这样。

走过走廊的厚地毯，简忽然闻到了最为膜拜的保加利亚玫瑰的氤氲气息，一丝丝沁人心扉，银粉色的房内无任何声音，只是色香之感。

两人看到，小凤由四个小妹簇拥服伺，云床斜倚，蛾眉懒扫，十指娇嫩如春笋。小凤的鼻头还是圆圆的，不过这是东方命妇的盈润，樱唇微启，饱含人间珍露，肤似凝脂，燕瘦环肥，颈项如象牙，珠围翠绕。

正是佳人梦醒时分，花藏叶底，月隐云中。简眼里的小凤，恍如深陷绮罗锦缎的一个芭比，一个历经考核、万选千挑的豌豆公主。

雪泥银灯

老沙发的内部，真是个阴暗的世界，江南岁月的潮气使弹簧锈蚀，部分棕丝和麻布已磨成碎末，只左或右侧的横档上，洋师傅留的铅笔记号如同昨日，绷带背面，粘有一块1920年代《申报》，旧式骨胶凝固在每一条接缝处，似琥珀碎光、似咖啡结晶糖，查看一下边沿重复排列的钉眼——它至少翻新过两次了，因此，它的软组织全然变质，但全身骨架，包括木器外露的姿态，"麦糖柱"螺旋四腿，闪现包浆暗光，应是安妮风格的准古董家具。

只要主人再一次翻新，换下软饰部分，不用全塑海绵，花费真正的棕丝、鸭绒、新纺结实麻布、绷带、标准白蜡绳，300—450人民币一米的英国青金面料，300枚以上纯铜泡钉，那么它咸鱼翻身，仍是一件显眼贵重的老货。

发表于1958年的《老沙发》，是"鸭嘴兽学派"会员弗兰德·拜伦所摄，铂版晒印，胶纸硝酸银感光，老沙发吐出了截然不同的味道，相貌亲和，宽大而柔软、与人关系最为密切，一生的过度使用，饱受挤压蹂躏，等如今浑身皱折，臃肿变形，也是它这一段生命的尽头。扶手与坐垫已蒙尘灰，坐垫凌乱不堪，靠背部分甚至映出人体的幻象——它记起了多少时间和人之变迁，拥有多少复杂故事，真不晓得。

行家眼里，经典沙发的地位，等于波斯地毯，越老越值钱。与地毯不同的是，沙发贴附人身，地毯则一直踩于脚下，距离感不同。毯面即使有了古代破洞和种种焦伤遗迹，不影响收藏价值。沙发则归属为更私密承载，面料与人体太近，有了贴肤之亲，就仿效一种初夜权，人总归要它一个从"新"到旧的起始点，它外在的痕迹一如妊娠纹，新主的基本判断就是，它的价值在于整体的气度和骨架，四足或扶手的雕工细节等等，易手前后，必会做面子的文章——更新面料，保持其整体的姿态与气韵。

比沙发更近人身的是旧枕，一旦遗留，基本无人会接纳。按最新说法，枕芯最好一年一换，否则细菌密集。在遥远的1950年代，据说上海肺结核病人临终时，医工与家属都习惯用枕头掩塞死者口鼻，也采用大团丝绵封堵（民国野史，是用新起锅的一张热面饼），防止喷出的结核细菌扩散，枕头最柔软无骨，也是最严密最便捷之物，《飞越疯人院》闷死对方之习惯手段，或阿蒙后再顶上枪口——因此它的功能成分相当顺手和复杂,最大量容纳人气的信息,首推是宾馆枕头,它在长年的服务期,保存了无数气味和语言对话记忆,也永远是海绵那样的包容和贪婪,却一直让浆烫洁白的枕套遮盖,谨慎摄生的洁癖者,对它们从来不信任。

在他人眼中,旧床垫与枕头比较,前者是更为不洁的,旧枕可以拍打成蓬松状,掩人耳目,床垫只是随岁月流逝逐渐塌陷、变形,日久生发的弹簧疲劳也更是醒目。据说早期的苏格兰场,如一旦找不到案犯,大致会借鉴床垫留下的形状估算逃犯的高矮胖瘦,弹簧床垫承载了整个人体,痕迹学家倒上石膏,该人就可以显形,但这只对长期专用的老床垫才能奏效;旅馆公用床垫,向来因为来客的信息过于繁多复杂,基本无据可寻。

记起早年一位单身朋友,性格总那么坦荡而慷慨,藐视"宁拆墙,不成双"之禁忌,也因当年登记旅馆都要出示结婚证单位介绍信等等的困难,他经常大方接纳各地路过上海的男女,借他住地幽会,以至于他那张床垫过早出现了金属疲劳,弹簧和连接件断裂错位,以后发展到了稍一晃动,就发出难听的摩擦声。如今他回忆所谓当年种种的男欢女爱,应就是一种短效的发热症了——有多少男女在此要死要活,颠鸾倒凤,有哪一对最后是结了婚的?不结仇,不陌路已属万幸了——曾经各位诸君那种种爱痕,还一直顽固遗留在他床单之下,除了抛弃,是永远无法抹去的烙印——"好在都是熟人嘛。"他安慰着这样说。直到如今，他仍在这床垫子上安睡，吃半夜点心，用笔记本电脑，心安理得，这是特别的例子。

一般意义的陌生旧床垫（不考虑宾馆），于陌生人眼里，全然是鄙视厌弃，避之而不及，一钱不值的，不产生任何的亲切感觉。而《献给爱米丽的玫瑰》之床枕细节，毛骨悚然，谁会知晓呢，爱米丽小姐，她常年是与一具男人干尸同床共寝，作者借了邻居的眼睛假设——小姐每一夜就是这样安然度过的，枕上明显有她头脸的印痕与几丝的白发——执子之手，生死共寝，这是极个别的趣味与癖好，她这张床，真也会让普通人深刻感佩，人世之间，就有这样独特的好定力。

读二战期间同盟国谍报人员传奇——如何防备万一，各人离开住处或旅馆，习惯把一根发丝，放于衣物和抽屉内，做一个记号，这是肉眼能见的最小痕迹，如果回房后发现，头发位置已动，已经消失，或杂有了陌生人的发丝，按照此行的规矩，必就是火速销毁密码本，注重走廊的动静，室外有否盯梢者，随时准备嚼碎毒药自杀。

爱米丽小姐的枕头上有她发丝，有她和男尸每夜同寝的凹痕，她始终朝暮陪伴，那男子生前如何待她？他写了仔细的日记吗？作者没有交代。

这种独特的情爱细节，其实一直在生活里无限延伸，近见沪上电视新闻报道，本市一中年嫌犯，发怒中掐死了同居的外来妹，之后他痛哭一场，细心为死者置换了里外三新的衣裳，为她做发型，描绘眼影、腮红、口红，事事停当之后，死活二人就共枕一处，企图触电自杀，最后是引起电线短路而案发……嫌犯的自述是爱之深恨之切，只为最后一次口角酿成了这故事。警方翻查死者日记后却发现，在这对男女三年的同居记录里，死者对身边这个男人根本就只字不提，只大量记录了她同数名男子私下打情骂俏的细节——这些人等都是她坐台期的旧交，此外大部分空白页码里，她只写"赚钱"二字，表明女主人一直不断自我加压，只望赚得更多金钱的理想。这桩实物证据，使涉案这上海男子赢得了广泛的同情，最终据说判了死缓。

上海类似的另案：某老年男子与老妻的尸身，共眠了半年。新闻电视镜头进入了杂乱房间里，这位老年男子面对观众自道：老妻去世后，没告诉任何人，没有打接尸车的电话，一直活在无穷无尽的恐惧黑洞里——尤其是半夜独眠的恐惧，他常常突然惊醒，感觉极度的孤独，老妻已死的悲痛。与此同时，在黑夜里只要触碰到一侧妻子的尸身，立刻也就定心了，可以安然睡去……镜头在呈现酱色的尸身上飞速停一秒，由凌乱床褥的皱褶转回到了老年男人平静的脸庞，眉宇之间，丝毫看不到他有哥特式阴暗和诡异，电视也不传递任何异味，只是一整幅当代生活的图画，普通人家的内景，边上的旧电视，钢精锅，热水瓶……

记忆·1984

死亡如此实际，远离生命威胁，是人的正常应对。此刻记起上海江苏路边的一张折叠小铁床，很多路人在此排队，轮流在床上打一滚，心满意足离开，仿佛如此这般，就可消除人世的疲劳与愁苦——这是一95老人睡床，本埠旧俗，寿诞阶段也就是一个开放式的行为艺术派对，不管来人是男是女，是老是少，上床这番一滚，即可除却烦恼，沾一点寿者喜气。全部意义就在于，老者还活着，还没死，红光满面坐于开席现场，小床毫无死亡气味。

每见博物馆玻璃柜内之伟人衣物，见到那种陌生领口、衣襟、衬里，都难以流连，匆匆的一瞥，拉大距离所谓"瞻仰"，即就离去，这当然违背布展者初衷，面对这类展览，常人永远不可能涕泗横流，人是最有理智的动物，死亡气息始终压倒一切，即便是花团锦簇的戴妃、猫王、梅艳芳衣物拍卖，摒除恋物移情癖或者其他心理人等，对于只做收藏生意的升值期望者，一旦独家面对这类散发陌生气味的物品，还是死亡的气息压倒了一切。

旧货店陈列大量旧表，发黑银汤匙，刀叉，旧玳瑁眼镜，污浊的贴身玉牌，玉镯，尤其各款老烟斗——留于"咬口"间深浅不一的种种死者牙痕。这类店铺"三年不开张，开张养三年"，等待戈多，门可罗雀，纯属正常。

某些古董——古陶、"米仓"、铜镜、发簪，收藏人不如早早安置于公共馆所才是上上之策。

某友得到一枚古波斯款金戒——进价五百。古时昂贵的24K进口首饰，唐朝公主、朝廷命妇才戴得起。是夜下了一场雷阵雨，他平时睡得安稳，这一夜却惊恐无眠，电光忽然由窗外射入，家中十多面古镜，瞬间光芒万丈，架上多个陶罐萤火闪闪，唐朝"进口"金戒指，黄灿灿一如鬼火。到了凌晨，他梦到一古代女子指骨，套有熟悉的黄金指环。这个梦严重影响了他，之后他看报知道：本地一盛唐公主坟近被盗掘，陪葬物损毁遗弃——一般的盗墓者都有行规，掘后会掩埋尸骨，上香，而这座公主墓的遭遇却是暴尸荒野。恐惧败坏了他平素的风雅古趣，他拥有一乾隆年酸枝方桌，自称"上古人台面，吃现代泡饭，摆明清茶盅，饮上好乌龙"，忽也觉得嘴唇碰触茶盅，有与死人接吻之感。

人对陌生旧物的态度，很少有反常之时。1980年代，笔者曾到一剧组访友，片场设在苏州河乍浦路桥堍一旧戏院，当日是拍一场"戏中戏"，到"旧警察进入戏院冲散革命群众"为止。现场的群众演员太多，常处于混乱的局面，副导演彭小莲数度端电喇叭大骂脏话——戏院的前十排，估计会被镜头收纳，因此服装要求稍高，几辆黄鱼车送来了大批旧年代打扮，另有几车是更大量的草民衣裳，新布染色做旧，晦暗难看，上了身也就是上海小瘪三、小热昏、黄包车夫、奶娘、事儿妈、粗使丫头、大脚娘姨，小部分却是旧时代真正老货，老爷、小姐、先生、蜜斯张、密斯脱王的湖丝纺绸，长衫旗袍各种西服

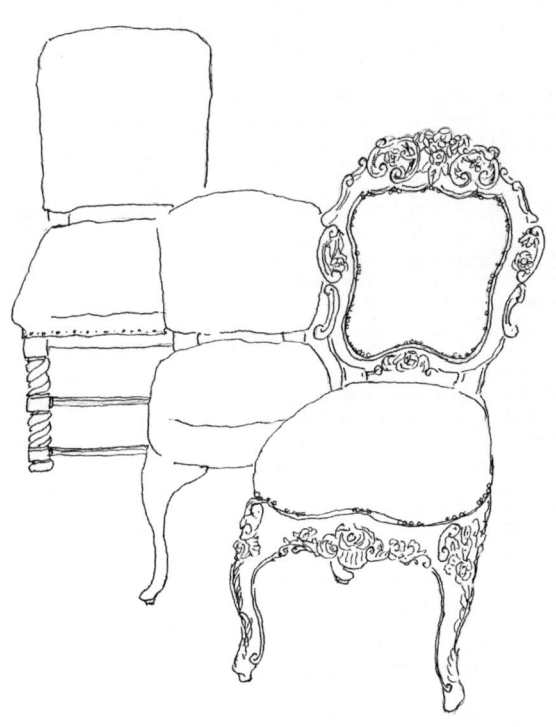

沙发椅·2003

领带袄裰——不知是谁家老辈遗物，或是"抄家物资"，估衣店的存货。结果就是，男男女女一时阵脚大乱，甚至丧失基本的理智，人人上前疯抢旧时代的剥削阶级遗物，不管不顾是否清洁卫生，人人来夺礼帽拐杖领带旗袍，抢走资产阶级地主阶级绫罗绸缎，不管大小合不合身，是否走光绷漏，无理智抓住就不放，就往身上套——这局面就是，人人都拒绝做奶妈、垃圾瘪三，卖梨糕糖、油墩子的上海底层革命工人或者革命小贩。现场混乱的热潮，实也看到如何做人，做什么人的真实反应，令人感慨系之——人的基本愿望理想，瞬间就在这里了，谁都不甘心做"下等人"，生活就是戏，必须出人头地。

也只在这特殊观照中，旧物才最有光辉。

新　酒

　　短暂的酒保经历,酒吧的蒸馏管滴出酒液,香芬的熟识,都属于阿四。

　　一直在乡下帮家里烧酒,老板寻他来到上海,负责休闲总会烧酒演示——现如今民间技艺都搬入城里表演,炒茶、织土布、琉璃器、陶泥、剪纸受欢迎,本埠现场鲜啤酒的酒吧开了多间,但是做土烧酒,阿四第一人。

　　阿四摆定一排粗瓷小罐,老板在边上想想说:阿四,现在大概只有豆腐坊,还没弄到酒吧表演……大概,很快就有人考虑了,开"豆腐吧"可以的,泡黄豆的木桶,摊豆腐干的竹匾,石磨子,豆腐格子,过滤用土布,有味道,小资、小报记者、小女人最欢喜了,一讲野趣,生意就来了。

　　阿四想想说:大概吧,做粉皮也可以,做山东高桩馒头、苏北烧饼、麻油馓子,也可以到这里表演。大概。

　　老板噎了一口对阿四说:大概,你就放屁吧。

阿四所在酒吧区是中式设计,一座土坊蒸馏锡锅,用发酵蒸馏一次酒料,装入蒸馏器,头锅酒(首次蒸馏)有刺鼻酒糟气,辛辣上头,前农村卫生院一般是当医用酒精用,第二次蒸馏就是二锅,和顺适口。土烧酒在旧时代上海,一般叫"绿豆烧",北方习惯高粱烧酒、草籽燕麦做酒。传统小酒坊比较冷,温度要冷,"冷酒坊,热油坊,不冷不热豆腐坊"。酒吧室温24度,其实不大适合,但暖洋洋的气氛,阿四穿得单薄自由,周围陪酒小姐就穿得更少。

就这样,阿四做了上海小酒保,每日装料操作,客人男女,允许用粗瓷瓶去出酒口接酒,新酒流动香气,流动首饰光晕,雪茄味道和香水气味。进来新客人,包括外国人,先要看阿四和蒸馏器,手机拍照,熟客也就视阿四如墙壁了。等夜里十点后,阿四基本无事,老板让阿四做"少爷",到包房上酒,不然算半班——等于弹琴算钟点工,阿四同意做"少爷"。

有酒就有醉,此地陪酒小姐先醉,每瓶酒有提成,小姐处心积虑鼓励客人要酒,一不小心,自家先醉倒,根本不怕客人动手脚,最怕灌酒,牢记客人面孔是本行业必须的高素质,只要让某客人成心灌醉过一次,对方第二次登门,即便生意如何冷清,不会上第二次当,吃第二次亏,一般也就笑脸相迎,想方设法介绍新小姐去陪。

这夜十点钟,阿四立刻认出两个著名"杀手"——小姐行话,专门灌小姐取乐的男人,这两人据说是高级职员,衣着考究,面色苍白,不声不响,目光阴沉,毫无笑容,每次进包房,点三瓶芝华士12或15加冰加水,外加两打麒麟啤酒,两位小姐陪;小姐一排立定于前,等候挑选——两个杀手据说是从事期货炒汇高压工作,忙了一天,到此放松,像面对另一种游戏,也算文雅君子,表情凝重端正,绅士风度,坐怀不乱,暧昧光线之下,礼貌请两位小姐落座,小姐大腿雪白,扭身一屁股坐定,照例就靠紧过来,这两个男人马上避开身体,随后,骰子罐就礼貌递过来,一起娱乐。

不管猜大小,还是猜任何游戏,两个男人不输一盘。

整个夜里(22点至2点20分),两男只用矿水,吸细支香烟,因为不输,不饮一口酒,不管要多少酒,最终都有办法请两个小姐自家送入口中,直到小姐醉晕过去,满口胡话或四仰八叉倒于沙发,横到地毯上翻滚,呕吐,人事不省拖抬出去,两个男人也就立起来买单,沙发留了小姐的小费,平心静气,礼貌离开。

比钞票比头脑,是阿四的软档。真不晓得这两个男人酒量多少——有没有酒量无所谓?只要喜欢,只要想这样子做,就让女人一败涂地?

这一夜,总会举办了"上海土酒节"——免费请客人饮用阿四的新酒,为了活跃气氛,允许阿四与客人自由干杯。

阿四的托盘里是一排瓷瓶、瓷盅，开心果——这天夜里，阿四就在大堂吧台、十几个包房转来转去。客人看看他，晓得这是一个做酒的小酒保。

晚上22点，客人比过去多了，阿四吃了不少酒，每个毛孔都有酒气，也有身腰高大的幻觉。

后来真的眼晕，经过了15号包房玻璃门，却清楚发觉，里面坐了这两个面色苍白的"杀手"，阿四迟疑几秒，忽然推门走进去，托盘放到玻璃茶几上，瓷瓶相互碰撞，发出响声。

两个小姐一声不响。

"杀手"的两对目光，盯紧阿四的眼睛，静听阿四开口。

阿四背了一段老板规定的免费民俗开场白。

然后，请他们用酒。

两个小姐笑了笑。

两个"杀手"静坐桃红沙发，毫无表示，目光像锥子一样尖，盯紧阿四的眼睛，没有一丝声音，没有音乐。

阿四不动，对方欠身起来，举起一瓶酒递给阿四，让他去喝。

阿四握住了酒瓶，停顿五秒。

喝下去！一个"杀手"命令说。

阿四忽然浑身发热，毫不迟疑，灌下去了，感觉不到任何的阻力。

酒顺喉咙滚下去，打雷一样消失。

阿四等待的,是对方也这样灌一次。

但无人重复这动作。

又有瓶子慢慢递过来,很慢很慢,渐渐凑到他口边,新酒的香味。

阿四接过酒瓶,手有些抖……周围毫无响声,于是对准了自己的喉咙……

鼓掌,有一个瓶子举过来。

"好酒量耶,芝华士12!"……"杀手"说……

"麒麟啤酒!"……

一系列一系列的感觉,后来全部留于阿四的印象里。小姐的面孔模糊了,吃吃吃笑,粉臂放大,模模糊糊搁到了"杀手"模糊的膝盖上面,"杀手"礼貌地摘开它,两眼死沉,冷峻盯紧阿四……

这天深夜,酒吧盥洗室因管道抢修,客人要去后门对马路的厕所方便,后门附近有一堆碎砖,阿四晃出门来,立于砖堆边解手,酒涌上来了,身体摇晃不停,感觉到热,远方路灯团团打转,转得极快,极好看,于是,阿四就这样忽然一头倒在碎砖堆上,像寻到了温柔之乡,一身皂色对襟唐装与这堆青黑碎砖相似,也是瞬息之间,阿四就让深颜色的夜彻底吞进去,完全淹没了。

当夜很多的男人出来如厕,都是就近在这堆黑暗砖块前解决了事。没发现砖堆前有人。

黎明时分,一个送牛奶的阿姨经过砖堆,发觉了阿四,高声叫嚷起来。

浑身湿透的阿四翻了一个身。

开初他模糊的感觉是,昨夜下了一场雨。

杂　记

1

一羽澳洲皇冠鹦鹉，10年前开价已在5到7千人民币，全身白毛，葵黄色冠顶如小折扇，鸟眼有神。

如果看到来客有些腔调，徘徊良久，摊主便在躺椅内闭口不降价，也可能双方谈价到最后，摊主戳一下鸟头——它的冠羽直立，白毛收紧，嘴喙放出人话：老价钿！老板！

鸟学人话有专门盒带，内收英、法、日等问候语，德文有"古腾它克（早安）"。由于无关普通话统一强势教育的管理范围，鸟语上海磁带，上海话占了大多数——阿三。摇账好哦（有钱赚吗）？每开心（很高兴）。婶娘。爷叔。黄包车。囡囡。我想侬。横翻辣子（麻将术语，下同）。杠开。册气白相相（出去玩玩）。痴哦（女人发嗲之口头禅，下同）。十三点。肮三（讨厌）。侬瓜哦（你真怪）。嗲哦。欢喜侬。——真可以充当成人沪语入门教材；时下多少外来民恶补"阿富根"、"周立波"等沪方言，夹杂沪剧口音，啰嗦麻烦，不如这一盒原汁原味，中规中矩，精短好诵。

学鸟每天两堂课，同现今教育式样相当，上午和下午，死记硬背，直到滚瓜烂熟为止。面对面摆一镜子，机器放在镜子后面，仿佛另有一只鸟做教授。课间吃点麻籽玉米，休息。

也有抵抗学习，铁心当"文盲"的鸟，据说某一皇冠鹦鹉，主人吃了官司，朋友去收养它，发觉它一句话不会讲，于是放录音机让它背书——等到晚上回来，录音机已经被这只恶鸟拆得粉碎，满地是零件。

鹦鹉基本能模仿柔和的人声，只有红、蓝金刚鹦鹉是例外，体长一米，毛色绚烂，但是一开口，天生是破锣嗓门，就像是小修理店里锯铁条、磨玻璃发出的尖噪音，听得人牙酸耳痛。

大鸟发出的鸣声，只能远闻，泰国鹩哥在狭室内忽然高鸣，振聋发聩，如敲人的脑壳，只等它隐入了浓暗雨林深处，那种远近跌宕，时现时逝的清脆音响，几分杜拉《情人》的缠绵没落，几分湿漉漉的殖民地情怀。

"啥等样的人，'白相'啥等样的'吊'（沪语：鸟）。"电影里海南岛的土匪头子，肩胛上蹲猕猴。过去老上海"老白相"、老流氓吃讲茶，手端绣眼笼，这种小鸟气质式样，包括笼身种种配件食缸，无一不精无一不贵。传统意义的大家闺秀，要的就是鹦鹉解语。上等外国人养德国芙蓉。"洋装瘪三"，一般也就是喂个把珍珠鸟。印度土皇养一大群孔雀、老虎。上海城里过去的广大革命群众，响应政府号召，合伙敲锣敲脸盆、扑灭千万只麻雀，现一般也就是买一对蓝、黄色山东娇凤，关入自家塑料笼子里，每晨聒噪不宁。

大鹦鹉的市面，如今已经少见。有位闺秀赶上了末班车，十二年前在上海买得一头澳洲鲑色鹦鹉，比皇冠稍小一号，时价8000，据说现可以翻四倍（当时外面售价，凤头鹦鹉5000英镑，金刚鹦鹉72800港元）；来路都是半地下，夹带澳洲受精鸟卵入境后孵化。鲑色鹦鹉娇媚乖巧，实可爱怜，养熟以后喜欢与主人贴面缠绵，碰到生人进门，立刻背转身子不予理睬。

上海茂名路曾经的恐龙酒吧，酒台上方养有三头大鹦鹉，每到半夜的两点钟，三鸟即随爵士鼓集体摇摆，初以为如此饱食思淫，夜夜笙歌下去，它们的身心定受损伤，但是鸟老板说，鹦鹉交关（非常）喜欢热闹，如果一直是独自关于空屋，就会精神失常。原来它们完全欢迎分贝污染，这是我没想到的。养这鸟最大麻烦是，要有继承人，它体健命长，七八十岁的寿数，肯定晚于主人过世。

它们喜欢喧哗热烈，大群活动，几千只飞落在考恩湖边饮水，吵闹不止，它们是粉红的浮云。

2

让鸟鸣吵醒，窗下是一个大草坪，有树，画眉的叫声远近

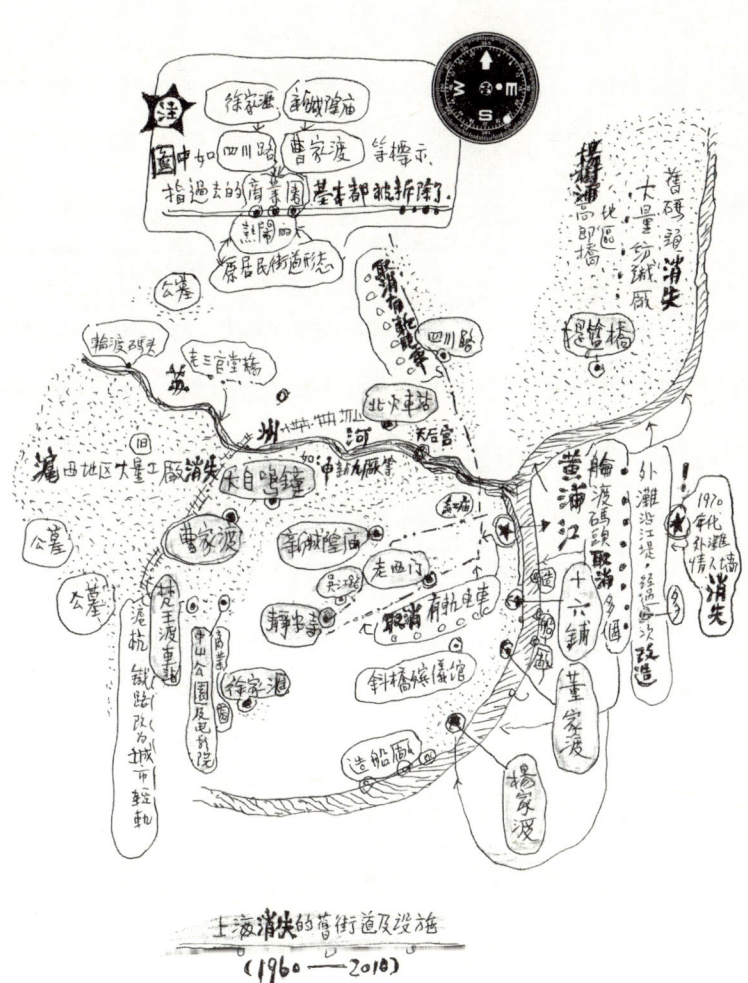

为王家卫导演画示意图·2014

呼应，华丽热烈，如处深山。下小雨时，清晨静下来，可能主人不再提笼外出了，四周宁谧异常，一两声斑鸠的凄清，伴随淅沥雨声，分辨出有一只"白头翁"，从春天到现下，一直在周围不倦啼叫，它是在寻找雌鸟，真是辛苦，每天都听它东一声，西一声，有别于同类的声音，划分它的存在范围。野兽用腿蹄、爪牙、角、气味求爱，圈定领地。鸣禽施展音律的休止符，如歌慢板的、快板行板、花腔来制造它的声势，人总拿这雄性声音比作女人。另外是当然，鸟鸣似容易让人理解，音乐比打斗更有想象，我们可理解它们的一种迫切，多数是停留在音符表层的欢快愉悦里，尤其养鸟人，一杯茶，一支烟，聚在鸟市叠放如墙的鸟笼前，同时聆听近百只"黄山新画眉"初试啼啭，从中挑选价廉物美者。这些刚捕到的生鸟，装在山民粗做的竹箱运进大城市里，待到买主正式安置，各自就有极精致的牢笼。

每一只百灵、画眉、相思、绣眼，叫声都有不同的腔调，粗听都是类似的，实则各有固定口音，用中文形容，永是在"强调"各自的不同，不可能雷同。鸣叫，是它们的身份照片，最重要的特征。

1986年在浙东的深山里写作三周，四月的那些个深夜和凌晨，总听到布谷鸟的鸣声，一只附近，一只在远山，遥相呼应，幽邃忧患，好听得叫人齿冷。一只啼罢，须臾便闻远山回声，等于是即时传过来的呼应，依稀的致敬，整片群山，就剩这两只小鸟在这样广大环境里醒着，初以为是单独的一只，是它回荡延伸的一种独白，细听回应的花样、声调、频率，是属于另一只陌生的雄鸟。夜黑如漆，两鸟执著灵动敏捷，始终一问一答，环环相扣，给人以愁苦，患难与共的印象，或是一种情分与关照，夫妻兄弟一样相望于大山，询问、相伴永夜的手足情谊，声音传递给人如此的效果。然而按研究者说，它们既然是雄鸟，便是长时间以音律较量，明争暗斗，整夜为获取异性而毫不相让、毫无诗意的一种几乎肉搏的血战，一直坚持到东方既白。这就是布谷鸟的一种，也称"四声杜鹃"。

白头翁是上海常见的鸟种，声音含有水波的润滑，上海以前延安路的印度领事馆，有巨大香樟树数棵，此鸟最多。西郊的息焉堂，邬达克设计，1970年代已为一片砸烂废弃的西式公墓残骸，剩有拜占庭式破落教堂和巨大银杏，上有白头翁巢十数个。树下便是倒伏的西文墓碑和石雕像，众少年进入这荒草丛生地界，只为了上树取鸟，艾蒿的辣气熏蒸上来，破碎的石像和碑文花饰，在深绿的草根部露出，被雨水刷得干净，白骨般耀眼。只要爬上这棵树，站在一个巨大的树杈上，可眺望北新泾地区的所有烟囱，大片日光下发亮的田野。每一次上树，都可得到白头翁雏鸟，小心放在包饭盒的布袋里，带下树来，每人分到几只，自己去养。据说它喜荤，喂肉末、猪肝、皮虫，一般等到了硬翎期，它的脚杆忽然也就软化了，不知缺乏什么营养素，亲鸟究竟在这阶段给它们喂吃了什么，脚杆才硬朗。人力豢养它，喂什么吃食，它都是软脚，站不起来，无法栖枝，即如它抓紧人的手指，身体就往下坠倒，不久便死去，因此这种鸟很少见到笼养的。

凌晨梦见鸽子，三只站在窗台上，两只是灰色，一只绛色，非常安静。抓起两只，生怕另一只飞走，可是它一动不动，犹豫中就醒了。《梦典》的解释：鸽群预示突然旅行，或朋友远方归来，鸽子咕咕叫，表示思念。

梦里没有鸽子的叫声，鸽子是沉默的。

3

1970是一个勤俭的年代，上海里弄居民妇女都组织起来，先是做防空洞的泥砖，做各种零碎活计，糊各式纸盒子，之后加工蔬菜，山芋去皮、剁块，投入盛水容器，出口日本。好看的是加工彩绘的木鸭，这已是接近改革开放的业务了，大中小多种，鸭身用桦木刻成形，砂光，镶玻璃眼珠，用丙烯颜料画各种羽色，晾干装盒。趣味是西方典型的家居特点，取它们浮于水面的样子，不需要表现鸭脚，生产方便得多。

在当代人眼里，古画的人物都不合比例，君王高大，随从弱小，牛和马屁股太大，腿脚过分细瘦，只有工笔翎毛的丝缕毕现，比例周正。宋人描摹水禽飞鸟，特别合乎毛笔的表现力，在千年后的今日，也完全可当《动物志》的标准插图，其中最温文恬静的是鸭类，绿头鸭、麻鸭、寒鸭，浮行于水，很有雅意。鸭属于水，水则通情。画大公鸡难免莽撞气，因此少见。鸭的上海口语昵称"鸭哩哩"，单纯憨厚，乐观无忧，即使临到宰杀也处乱不惊。

母鸭嗓音那么响亮，公鸭则暗哑无声，这是一奇。公禽一般都有好嗓子，毛色黯淡的夜莺、百灵等，或者说外观越简陋的公鸟，叫声越美妙嘹亮，只有公鸭打为另册，闷声不响是因为，它有亮绿的脖颈和花翅膀吗，因此母鸭往往在水面上拍翅高声，或说明母鸭的地位相对更高？很想听专家的解释。

人类喜欢改造自然，把红苹果的封纸揭掉，上面出现果青色的"喜"字；把裹于西瓜、葫芦的范式拆去，西瓜会是四方形，葫芦的表面有浮雕般花纹。现代人习惯以幼鸭来作童话的可爱主角，老鸭继续投进"百年老汁"汤锅，或压扁成"板鸭"。祖宗曾发明一套养鸭办法，将雏鸭装入一细口陶罐内，鸭嘴暴露在外，罐下开辟排泄口，每罐排置于木架上，就像新式的大棚养殖那种，可养千百只鸭子，人工喂食。因为鸭不活动，罐里的鸭毛不见天日，长势稀疏，体态却恣肆肥硕，待它养足，瓦罐击破，便是一球形肥鸭瘫软滚将出来，几乎不得行走，却成了一道佳肴。古书里讲，若主人填饲以松子，鸭肉就有特殊的松林香味。

邻家一个十岁小女孩，养了四只小鸭，每天带它们到附近小湖里戏水。之后，女孩每早背书包上学，它们就自己排队走到小湖里洗澡，晚上也是自动回到女孩家的鸭巢里休息。鸭子渐渐长大了，满地鸭屎，居民和物业都有意见，某个白天女孩上学时，父母委托物业把鸭子杀掉。这个上午，物业抓了一只鸭就剁掉了鸭头，这只没头的鸭子，仍然拍打翅膀，冲冲跌跌摇摇晃晃在走，其它三只立刻半飞半跳，朝湖边飞跑，然后入水浮于湖心，即使到了傍晚也不回鸭巢了。小女孩放学回来，发现它们浮在湖心，数来数去三只，哭了起来。鸭子不理她，她父母都不说话。等月亮升上来，照在垂柳和水中，照着湖中的三鸭。物业的人也在看，盘算借一杆气枪，明天把它们打掉。小女孩蹲在湖边，透过摇曳的柳梢，一直蹲着召唤它们回来，以后发现，湖心的鸭子们已弯转头颈塞入翅膀里，安睡了，她只能跟父母回去。她很难过，睡得不好，到半夜悄悄走出去，湖中依然是月亮的倒影，还有那三只鸭，头继续钻在翅膀里，她只能坐在湖边，呆呆看它们。

4

沈杰（下简称沈）来信：

顺便问你家阳台上的乌龟们好。

我的芙蓉鸟叫囡囡。死去的龟，我叫它宝宝，俗气吧；今年春节，我家那只一斤二两重的鹰龟不明原因地死了，让我沮丧,大概是暗示我是一连串倒霉事件的开始,现它正躺在黄浦江往东海口的某处水域,今晚在沐恩堂看挪威一圣歌乐团表演时,我数次想到它。

我:在江阴路看见有"黄金龟"卖——像田黄石——如果相信龟象征了运势,不妨找这样一个,只吃苹果香蕉,素龟一般都不腥。鹰嘴龟是现在时髦的?最可怕是蛇头龟。朋友的孩子养了两只四川蜥蜴,也喜欢蜘蛛,缸里放半个椰子壳,蜘蛛就在里面蹲着,螃蟹大小,吃面包虫和蟋蟀。

沈:八九年前我小阿姨从武夷山买了几只很小的鹰龟,其中有两只在外婆家养了六七年才长到6两,外婆家是卫生合用的石库门房子,环境不太好,我曾想等已90岁的外公百年后,我来接着养。三年前,母龟喝了有洗洁精的水死了,公的又爬到了邻居那里,因此它提早被我带回来了,三年里分量长到一斤二两,夏天时,它的肉多得没地方长了。

我们一家历来喜欢龟,倒不是为了讨吉利,以前养过巴西龟金钱龟都死了,这只鹰龟,我们都以为将比我们所有人的寿命更长。我记得你家阳台上有两只龟,但巴西龟大了我觉得不太好看,市面上大的鹰龟根本见不到。

我:那是二年前事情,现在扩容到六只,五母一雄,母

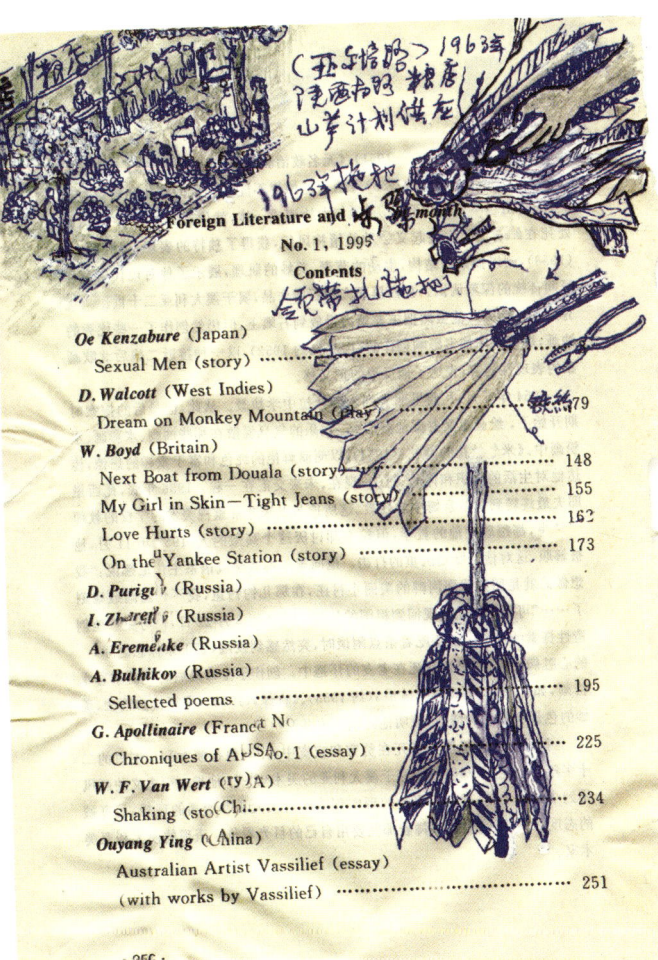

偶然记下的图画·1999

龟现在有3斤，唯一是公龟不长肉仍然1斤。公龟尾巴长，前足的指甲有一公分左右，常在母龟面前抖动炫耀长指甲。看它们每天在水里自由游泳，每只脾气都不一样，有一只咬我的手指，用镊子给它们喂食，有时也咬住不放，为一条小鱼水花翻腾，镊子上都是咬痕——有时翻身，露出巨大腹甲，古代卜卦的甲骨那样大小。

沈：我妈一直暗地里疑心那只鹰龟是干死的，因为我想让它安静冬眠，自以为是放在床底下，通常它渴了，自然会爬出来，去年都是这样，今年离开水四天就不行了，我心里有负罪感，为此去上海龟友网咨询也没问出什么。它是年初七我去宁波的那晚被我从床底下拿出来的，就像脱了水一样，我妈一看就觉得不对头，放到水里一动也不动，我妈千呼万唤，把它的嘴掰开喂水，等我晚十一点离开家去坐火车时，感觉到整个旅行都毫无意思了。它一动不动在我家阳台上一直放了两星期，走近也没任何异味，但怎样摆弄也不再动了，以前它最反感动它的尾巴了。我想把它埋在楼下的一棵树下，那样我每天可以看见这棵树就好像它还有生命，而且我确信这棵树会长得不同一般。这种想法被我父亲否决了，他说我最害怕的老鼠会去吃它的肉，不如放到黄浦江去，那里空气好，说不定还能活过来呢。活过来我当然是不信的，我妈关照父亲把它放入江水前一定要和它说几句告别的话。一个周末，我父亲坐车到十六铺码头，离开家一个多小时后他打电话回来，说他坐船去浦东时观察好了地形，等原船返回时正好是11点35分，阳光正好，龟放入水时有五只海鸥飞过来，父亲对它说，宝宝，如果你能活过来，就一路游到东海去。父亲还说旁边有人问，为什么把这么大的龟放了，他回答说是放生。父亲告诉我这些情况时，我的眼泪上来了。我妈一定还要继续养这种龟，尽管我们以前对品种并没偏好，但这只龟让我们印象太深了。我并不考虑龟带来的运势。江阴路就在我们单位旁边，就是原来的花鸟市场遗留下的那段吗？上段时间我去问了还没货，去南丹路一个市场问了暂时也没有，有的话很小的也要80元左右。你如果见到了请告诉我一声。这种龟大了挺好看的，一点不可怕。

我：喜欢这品种你就继续养。我那些巴西龟是欲罢不能了，其中5只都是别人遗弃的——现它们在1平方玻璃水池里，水池一角新装了单独的换水系统，我发明的，装一套抽水马桶的水箱零件，水脏了就抽一下，有玻璃隔断遮挡，因此它们一直可以游水了，巴西龟有后蹼，池里始终是深水。网上所谓的养文都不确切，比如要注意水质等等基本是乱说的，以前经常忘换水，我相信即使黑如墨汁都没关系啊，就等于旱季两栖动物都可以活在泥浆里，应该有这样的生命力——最近听说南方一个大庙的男厕所里，养有一巨龟，它一直就趴在尿水中，和尚和香客进去，都站在它背上小便，几十年如此，活得好好的。

不喜欢爬行龟，我家那些几乎是鱼了，虽然大，一点没有老态，灵活敏锐，可以追到最快的泥鳅，一口吞掉——和你见到呆在玻璃盆里那种不一样，亚马逊品种大概是龟类最灵活的了，因为雨水充沛。

唯一看到的是某庭院地上一个陆龟，有小板凳大小，一直慢慢地爬来爬去，很可爱，当时价1000元——如我家里没那6只，一定买它回来放在客厅里爬。

沈：现我家还有一只小巴西龟，养了两年了，它和人一点不沟通，一看见东西过来就赶紧缩头，给它吃东西竟还故意闭着眼，进食极少，只对虾的红膏有兴趣，所以几乎没长过个头。但这样的龟你不太在意反而生命力强，以前喜欢的巴西龟都死了。我看着龟时，也会想起你家水池里的那些，觉得它们比我的龟幸福很多。我8年前养过一只很喜欢的巴西龟，死后我写了篇小文章纪念它。

我：虾脑？我那几个什么都吃，虾壳，鱼肠，青蛙头，食量惊人，如果吃泥鳅，每只起码要一大条。六个嘴巴朝天大张，像一窝雏鸟。

一朋友的公用水斗里，一直养有两个普通的黑龟，邻居们一直在水斗里洗衣服，公用水斗！洗碗筷，这两只龟就吃水里的米和剩菜，一直非常健康，已经养了15年了。你这种的养法是有问题的。

注：文中所记六只巴西大龟，在我家平台大玻璃缸中游了数年，后因新居再无这样的饲养条件，四处寻找新主人，最后给虹桥某大百货公司经理写信——我发现整个上海，只有这地方的中庭有室内恒温大水池。经理秘书来电话说，他们已养过无数次的鱼，最后都死了，但没有养过龟。一周后，我把六只大龟送到池边，放它们下水，两栖动物基本不认人，掉头不顾而去。接下来的几年，经常去看望它们，是完全陌生的感觉了，水池周围都是咖啡座，有员工负责用一双竹筷喂它们，一般在晚上7点，食物是超市过期的牛肉、鸡肉，六只龟在流水声与背景音乐里大张嘴巴，如一窝雏鸟。

手工随风远去

一位亲戚立于淮海路陕西南路63弄口说，这是全世界最热闹的地方。

那是华亭市场迁入附近淮海路的鼎盛时期，人头攒动，小贩手拿名牌山寨目录，一直蔓延到了附近新乐路口。

前辈记载的这一带，曾也极为热闹，日占时期附近的"回力球场"，同样人头攒动，对面的"巴塞龙那"咖啡馆，出来进去都是操控球局、买卖各国假护照的人……1945年日本宣布投降，获释的英侨美侨游行到此，看到俄侨聚集在路口（旧名亚尔培路），唱歌，奏琴（手风琴），大跳哥萨克舞……一个时代结束了，他们当初是为了再次飘零异乡而欢欣吗，我不知道。

在我记事的1950年代，这条狭路极为寂静，一穷苦白俄总在我眼前移动，推一种装有手摇砂轮的小车，为居民磨刀剪……到了1960年初，他们一个也不见了……附近新乐路

（旧名亨利路）蓝色洋葱头的东正教堂，那时还没卸去十字架，它面西、北有两座圣母神龛，每夜照样点亮长明灯……

如今"百盛"的位置，以前是一家冷清的"估衣店"，摆放了晦暗的朝珠、顶戴、凤冠、蟒袍、野鸡翎子等戏班行头，以及狐皮暖手筒、灰鼠袍子、长衫礼帽、旧高加索黑羔皮帽、四季旧旗袍……曾经的老式理发店"芙蓉"，米店——后者每逢定量供应山芋的秋季，人人在路边搬弄一堆一堆植物块茎……大饼摊，烟纸店，老式牛奶房，琴房……63弄口的南货店，还记得一间服装店，把我母亲的旧大衣改成上装，在橱窗里展览了几天……1961年"困难时期"出售杂菜汤的饮食店……全部被现在的鞋店，晚装店取代了，这些明亮的玻璃橱窗，叠化出往日的旧貌——花店，酱油店，摆了各款旧"机器脚踏车"、1945—1955"三枪"、"蓝伶"自行车的寄售商店——当年的时尚青年，都在此店流连，只看旧货，看橱窗里永远摆出的一部玩具火车（德国旧货，非卖品）……

1960年代的"蓝棠"皮鞋店作坊，也在这里，半地下临马路位置，里面黑沉沉端坐四五位老鞋匠，一辈子在洋人规矩里做鞋，使用的鞋锤，鞋钳，切皮刀，雕有字码林林总总大小鞋楦，老式钉鞋机，都是洋制。每人的膝盖上搁一块不规则的米白色石板，砧板大小，切削皮件，鞋刀将皮件周围片薄，锤子细藏，都在石板上进行，快刀在石上自由割取、刀口却不钝损,这是我当年最不明白的地方。

每位老者手里的鞋样和鞋楦尺码,都不一样,皮色和质地也不一样,应该都是顾客的订货。"蓝棠"是西区名店,专做女鞋。你可站在路边,看一双双各式女鞋完成的局部过程。最醒目看点是上鞋楦——制鞋最后的整形,等于衍造了一只女人的脚,鞋尖和鞋跟的楦头之间,楔入最后的楦塞,疲软的皮面充气一样紧绷,用高脚酒杯状的鞋槌,在四周轻轻敲打,女鞋的曲线,饱满光亮起来,如蝴蝶脱蛹,婷婷而动,流露特有的风致和气韵,女人抢眼的脚尖和圆润后跟,逐渐成形,呈现于老年男人各自的膝盖之上,凌乱的围裙之间,在粗糙硬茧的老手不断抚摸和摆弄中,它们愈加显现丝质的润滑,美丽玄妙,身价百倍。《小团圆》作者讲母亲收购了一批蛇皮的细节,让我想起幼年呆立这家作坊前,看"半地下"的师傅们,如何用南洋蟒蛇皮缝制不同的女鞋,船鞋、凉鞋、拖鞋……满地是蛇皮的黑白花纹,如何把一掌多宽的蛇皮,割裁为不同的皮件,编织细致小皮辫、花瓣、小蝴蝶结——待等这一系列的缝纫、摩挲和审视里,钉入最后的银色搭襻,孔眼,上紧鞋楦,这些黑白灰相杂、斑斓标致、典雅诱惑的影像,在当年陈旧的马路上,是唯一夺目的手工细节。

忽忽五十年,鞋匠和手艺安在哉,若还存有这一类老鞋,定然是独遗于世的珍贵收藏了。

属于节俭年代的手艺,也已经随风远去了。

1990年前,上海瓷器店尚有一种"琢字"项目,李家买了碗盏,请店伙计在每个碗内"叮叮叮"琢出一个"李"字,表明城市人的公用厨房,邻里相对开放的种种状态,餐具刻了字,避免相互之间混淆。如今这一类"字碗",即使是在老辈人的饭桌上,也见不到了,只有小古董店瓷器架里,那些早期民窑器中,偶会看见匠人的手刻字,即便多笔画字"潘"、"臧"、"樊",也铁画银钩,柳风颜骨,一锤一凿的功夫,之后改用了机器小电凿,国营碗店继续为人民服务,字样逐渐拙劣,然后,这个服务终于消灭了——看官们今日买一套醴陵"八十八头"中餐具,全骨瓷"约翰兄弟公司"西餐盘子,不会有神经病想到琢字,混淆餐具的现象,不再可能了,这一行估计已经死亡。

补碗匠,游方匠人,北方话"没有金刚钻,不揽瓷器活",他们在上海曾经走街串弄堂,专门修复打破的酒盅、碗盏,乡下的业务范围,可一直延伸到"司马光大缸",陶瓷器只要不是粉碎,经过细心钻孔、锔钉,当年都可补到它破镜重圆,滴水不漏。

首饰匠,江浙游方匠人,大多为宁波籍,携工具小箱和样本首饰盘包袱,上门改制过时的金银首饰;前辈记录,他们相貌堂堂,巧言辞令,手艺精湛,是上海主妇与四马路"长三"的常客。

割棕匠，也是江南游方匠人，身背串有粗绳的一对木踏板，一把锋利割刀，一装棕皮的麻袋，粗布包紧小腿，完全是浙西山民的打扮，一般游荡在上海西区洋房弄堂吆喝，大小花园的棕榈，长到一二层高，三楼的高度，树身围绕的陈年棕皮，狮头一样蓬乱，请他们上门割棕，付小钱就可。两副粗绳木踏板依次吊住树身，人立于板上，手持割刀，逐渐向上层层割剥，直到渐高，弃下一堆棕衣，如杂技艺人摇摇欲坠，一直登临大叶最高处，树干也渐渐焕然一新，清瘦整洁，割下的棕衣归匠人所有——它是南方生活的重要资源，用它制蓑衣，棕绷床，各类棕绳，棕刷等等。这一行现今绝迹，应该是这一类用品不再有市场的缘因。

阉鸡匠，游方匠人，上海称"盹鸡的"，意指能让公鸡瞌睡"忘事"的一种手工。1970年代的上海，还有这一行萍踪。来人以手执一件竹制捕鸡网为标志，到处招摇，替城市弄堂花园的职员家庭、郊区工人阶级居民，阉割私养的小公鸡。血迹累累一块破布，卷有一套掏耳勺式样的细铁器。他们的行为，比现今医科大学研究生，一般手术医生熟练自如，也有巫师相，开刀时不另加红包，口内念念有词，如道场作法，对小公鸡有特别的理解和安抚办法，"要乖，要乖"这般召唤，小公鸡乖巧在他们膝头侧躺下来，闭紧双目，沉醉般昏睡下去，然后果断在鸡腹处扪摸，拔掉几根毛，割一小口，通常六分之一寸宽，以小勺刺入，准确勺出两小粒类似睾丸的物质，熟如探囊取物，然后摁紧伤口，将拔下的鸡毛贴住，吩咐关笼休整一天，手术就完成了。自后这种小公鸡渐有了太监相，沉默寡欢，外表不明不白，不雌不雄，鸡冠淡化，毛色无亮光，晨昏谢绝打鸣，但是体态日益丰隆，到了过年除夕的日子，就被称为觅宝一样的"盹鸡"，这是肥美江、浙一带的最传统最美味的佳肴。

我所接触的东北乡下铁匠，真是热闹的行业，只有玻璃吹制工可与之相当，红钢从烈火中钳到铁砧上，锤起锤落，火花四溅，叮当磅礴，有如男人们持久不衰的战争，吃这碗饭，钳子功夫必须自如稔熟，师傅小锤点击，徒弟大锤紧跟，如同西皮二簧，板板有眼，锤头要准，锤击的力度，有十多个级数，把握拿捏，珠联璧合。

把烧红的铁杆一端钳入夹具，当头一锤击扁，然后钳出，在扁圆一端当当当打六锤，就是一根六角螺丝杆。打镰刀，打马蹄铁，等于专业考试，坯中夹钢，钢与铁紧密结合，最容易"夹灰"报废。淬火是出品快刀的保证，打出一把可连续割几亩麦子的好镰刀，从古到今都是乡下铁匠成名的唯一途径，不容易做到。

打马蹄铁是另一门技术，等于给马儿定做四只鞋，一匹马的四蹄，尺寸和形状方圆，都不相同，冬用蹄铁，要打出三足的防滑铁爪，夏季蹄铁是平薄的，马就站在附近，铁匠揽住马腿，削平蹄底的老皮，其质地如人指甲，要看明每个蹄壳不方不圆的掌样，没有判断和巧力，缺少安抚马匹的办法，都难以完成。等打成的蹄铁凉透，师徒二人靠近马身，身膀不见赘肉，围裙洒满蹄甲碎片和烫焦的洞眼，口含几枚蹄钉，肩膀顶紧了马胸，抱紧弯曲朝上的马足，把铁掌盖上蹄壳，钉子穿入蹄铁孔眼，必须斜着钉入，钉进蹄壳三分之一处，就要露出钉尖，小心把这外露钉尖槌弯，包紧蹄壳——只要有钉子直直钉入马蹄深处，没露出钉头，马就忽然狂跳起来，这就像朝人指甲里钉竹签的道理是一样的。

曾经跟我相熟的张铁匠，特别崇拜超大型锻压机床，他和徒弟都知道，当时国内最大的水压机，并不在到处宣传的上海江南造船厂——而在东北重要的城市，齐齐哈尔的北满钢厂，那里有一座更伟大的水压机，压力有三万六千吨，俄国人的大手笔设计，据说用它可以锻造一颗最巨大的螺丝帽，一节平板火车皮，只能载一个，这种气概很是惊人。

内心还是更喜欢不含现代工艺的纯粹手工，至今难忘《留住手艺》，日本传统手艺人的口述实录，它的图样、照片、工艺流程和个人故事，可以随便想起有意味的工序……制造钓"加级鱼"的鱼钩，要蒸烧一夜……做马哈鱼钩，淬火用软炭……整棵枥树能砍出五个传统木盆……用蕉叶纤维织成美丽的布匹，染料用的传统植物块茎，要上山随野猪去找……作者盐野米松，一生神往各类手艺人，走遍日本，记录祖辈传下的手艺劳动细节，在中文版序里，他称中国是"被日本称为兄长的国家"。

我国精彩古籍有《天工开物》，包括《营造法式》，但是让普通工匠和手艺说话的记录是少的，故宫大量器物，没一件留下工匠名字。王世襄先生介绍了葫芦器、蟋蟀盆、鸽哨的制作过程，但比如近代中西杂交制造"南京钟"匠人，中西式雕花家具匠，沙发匠，可有详细记录？我们的传统匠艺定然不少于日本，江南可列不少的题目——比如古琴和锣鼓响器这一行，应该有众多优秀传人；另比如制梆笛、曲笛——乾隆帝曾给江宁织造、苏州漕运下旨，要寻找到制笛的上好竹材和匠人，制作记录一定很可观。最近我朋友，评弹艺人高博文先生在网上抱怨，刚在苏州买的三弦，旋柄没绞几下已经断裂，莫非这一行手艺已经失传？

80后小朋友周琪，研究竹编匠人多年，在上海郊区的嘉定、崇明拜访高龄师傅多人，盼望她能记录到最细致的各种提篮的工序，出一本好看的记录，这方面有趣的文字包括：苏绣的一根丝线，如何辟分十八股？如何造绍兴酒和绍兴酒坛？如何制染江南土布？苏州水磨青砖工匠工序？如何制缸？据说碑刻匠已经失传，那么砖雕艺人、石匠、鸟笼匠、传统箍桶匠、纸匠、笔匠、皮匠（含集腋成裘之"雕皮师傅"）呢？广漆匠乃至冥器匠、棺材匠的工序如何？小艺小匠，也必有个人故

半地下式"蓝棠"皮鞋店作坊·1960

事——报载京城有一"筵棚匠",从祖辈起,就给慈禧搭寿棚,今还有传人。

附录

(一)邻居给报社电话,反映隔壁某人,自称画匠,画了一房子的画,也没人知道——此人根本不卖,不知画可以卖,多年靠接济度日。

记者:整整三四十年,每天画?

邻居:是啊,他要是练三四十年小提琴,我们都要搬场——人家是一声不响地画,彩色画。

记者:画什么?

邻居:房门关紧,根本不晓得,画灶君菩萨,地藏王菩萨?耶稣?不晓得。

记者:就这样一直画?

邻居:自称画匠。

记者:?

大上海,也许藏着一个上海"梵高",记者立刻想到梵高明黄色的葵花,奔腾蓝色的草地……

天气很冷,记者骑车在徐汇老建筑的老弄堂寻找。

爬上阴暗三楼,长时间敲门,总算见到"画匠",七十多岁，穿四十年前样式中山装，面色枯槁苍白。

"一房子"的画——小房间，三五十件油画。

内容基本就是作者那身打扮的时代：一幅文革时期某国产轮船下水典礼，一幅文革时代工厂"斗私批修"和锣鼓静物，一幅"解放牌"大卡车，一幅洛阳拖拉机厂出厂的"东方红"拖拉机，一幅上海内燃机厂完成的"双水内冷"发电机，敲锣打鼓的人……

邻居老太插话：看看呀，像呀对吧？加许多的物事啊，还有人人头，画得交关好。

意思是：多逼真啊！画了这么多的东西，这么多人，画得真好。

此刻，记者特别想念发现了梵高的加歇医生——他是多么地难得和宝贵。

他这才真正懂了加歇医生的价值。

产生梵高，产生一个发现梵高者，都是登天一样难。

走到外面，天已经全黑，自行车的把手很冷。记者本能想到了这些他不喜欢的画，就像这灰暗的上海之夜。

(二) 客户要漆一套艳绿夹玫红的家具。

老漆匠拒绝，他至今牢记师傅教导，旧社会只有外国堂子（外国妓院）才漆这种红红绿绿的"下作"颜色，普通人家用了这颜色，肯定"触霉头"，一定会倒霉。

但客户命令，必须这样漆。

（三）某日籍看房人表示，这个楼盘样板房的装潢，模仿日本情人旅馆格调，情色镜子，桃红房间，心形床榻，乳房状枕头——很不合理，正常人不能长时间在这种环境里休息。此外是，如果在日本，新楼盘做这种公开展览是不可想象的。

（四）装潢设计师：请问，先生要哪种吊顶？哪一种影视墙，哪一种门窗套？

房主：从来不喜欢吊顶、影视墙、门窗套。

装潢设计师：吊顶是最基本理念，装修必须吊顶，必须装射灯、影视墙，否则先生您装修什么，简单"大扫除"吗？

房主犹豫：好吧，再想想吧。

一个月后，房主看现场——走廊顶已凸出四件白色方块吊顶。客厅的主灯四周，也聚有四个长方块吊顶。

装修匠：设计图就这样呀，东家你喜欢麻将牌是吧？方块像麻将牌？客厅四块，如果写"中"、"发"、"白""花"，走廊四块"东"、"西"、"南"、"北"，嘿嘿。

房主：谁讲的？谁这样设计的？我不要这吊顶，立刻拆掉，立刻拆！

（五）国道两边的江南乡野，已看不到延续千年的中式黑瓦粉墙，有这需要的房主人和手艺工匠，应该都不在了。风景中，时代感很是醒目——1980年代水泥建筑，1990年代的瓷砖外墙建筑，然后出现参差不齐的2000年代乡民屋顶，一如东方明珠的球状物天线物越来越多，越来越多，乘客一般也就知道，杭州马上要到了。

灯火平生

1

莫干山路，有人拉京胡。

老房子的气味，丝弦的咿呀声，逐渐近来，逐渐远去，忽然撞入的杂念，不曾料到的琐事，不必的判断，零乱泛现，固定场景是夜晚的便利店，含有标准城市的简装香味、夜灯、书报、音乐，夜没有丝毫变化，车照常走，街树毫无表情。

这是河边，背靠堤岸，前面是大名鼎鼎的申新九厂——后来改为"红子鸡"大饭店，拐到它后面的这条路，前纺织机器形成的嗡嗡声仍犹在耳，窗子和电线杆上的棉纱飞絮现在都干净了，是大厨房的油烟味、麻辣味很浓。北边一排老式民房、小店、弄口的垃圾箱、烟纸店，上海温暖的气息和无处不在的灯光，使黑夜温润，有大卡车开过来，代表城市新的力量，装满着渣土，一大股的旋风，地皮震动，等一切安静下来，依然是麻将和眼前的民生。

朋友在此地有一间闲置的前厢房，前天陪一个大学生来看这房子，原以为它只可以借给外来人员，没想到应征者是二十岁的上海学生，面对陌生的合用灶披间，七八个油腻水龙头、电炉和火油炉，他全部接受，表示一切都"很有味道"。

二楼居住的是老张，每天有固定的时间拉京胡，晚饭以后，下午，周一或者雨天，上午也会拉，这是朋友介绍的情况。说的时候，胡琴就响了，西皮二黄，因为楼板薄，声音是刺耳的，朋友笑了起来，像这是他的一个错误。

学生要上楼看看这位新邻居老张。我们走近楼梯，开了灯，发现那是一架通透的铁制扶梯，如同我们身在底舱，可以一直仰看上三层的甲板。朋友说，姑娘上楼都是要捂住裙子的。二楼的灯光下，一切都是浅酱色，三人站着听老张拉胡琴。

老张掉了几颗门牙，低头练几个过门，随后说了一些见识，主要当然是关于京胡——琴筒上蒙的蛇皮必须讲究，最好用十年的公蛇皮，蛇皮是向来分公母的，母的有生育，所以皮容易伸展变松，不几年就要换。琴弓上的马尾，也相当有讲究，最适宜用的花马尾巴，黑马的尾鬃太刚强，白马尾则过于柔软。

他的话，还有灯光，想起灯火平生的句子。

待我们和男孩离开那条弄堂，走出去很远时候，还听到老张的琴声。

2

在晒台上悬挂酱肉。墙角留有上海冬日第一次的薄冰。

粘着花椒的深褐色猪腿肉,已散发久违的酱香。

过年有什么能为它去做,年有什么能够留存下气味的,也许是酱肉。

陈村曾经面对万家放鞭炮的年夜,"泪流满面"——民生的愿望大概就这样,祈望风调雨顺,知足平安;"泪流满面"是真实一刻的感觉——愿望仿佛很小,其实广大,一种传统的满足和动容。

酱肉材料:比如新鲜五花肉四斤,或后腿蹄髈一对,斩骨,洗净,系麻绳悬吊在背阴处沥干;铁锅炒盐少许,加入花椒成花椒盐,遍抹肉上,挂于北面背阴处一个日夜;陶瓷器内倒入四斤上好红酱油——现统一叫广东名字"老抽",将肉浸没,四五小时翻动一次,如此一个日夜,然后沥干,挂背阴处一周左右,即可割取蒸食,肉香扑鼻,绝对小民之美味。

没人相信在如今,还有我在制造过年的肉食,略懂滋味,每年等待做这件琐事,等它们变成一种半成品的制造的享受,正如别人在毛边纸上画贺年卡,编辑策划应景版面一样,在继承和庆祝的意义上也是对的,上海人比如定做鳗鲞,快递花篮，派对，钱柜唱歌过除夕夜，转发"水晶属相算命"等等——大半是与他人共享——制造酱肉，大半是送亲朋至友。

王祥夫吃过酱肉，大为赞赏，带走一大块，但一周后从大同打电话说，肉表面有霉花，老婆十分讨厌，只好请他放弃。对于腌制的肉，北方人一般不知如何保存和做菜，尤其金华火腿，甚至不仔细清理表面，整块剁碎煮食，味道自然不佳。

制造酱肉，必是在江南隆冬季节，但居处如无背阴、背雨处可悬挂，气候不对或者外国，难以实现。

3

经过成为画家村的旧厂房，天是完全暗了，苏州河逼近眼前，长寿桥横陈，看过去更多灯火，更多人和车，东面依旧发亮，城光反射到天幕，使附近更黑、更热。过来一只船，两个赤膊船民并排直立着，逐渐慢转，在河湾那边逐渐露出船屁股、引擎、舵。还是没有风，逐渐看清一个拾荒者坐在堤岸上，是吃西瓜，还是吃饼？澳门大酒店的霓虹在河面跳动。

K在躺椅里，在莫干山路98弄前面。

"上海面粉厂嘛，老早拆脱咪，此地就剩下来阜勋里（或阜熙里），喏，98弄呀。"K说。

没有风。路边各种躺椅，麻将桌上方挂了一个灯泡，烟纸店，馄饨店，因为热，失了活气。"现在我一天两场麻将，适

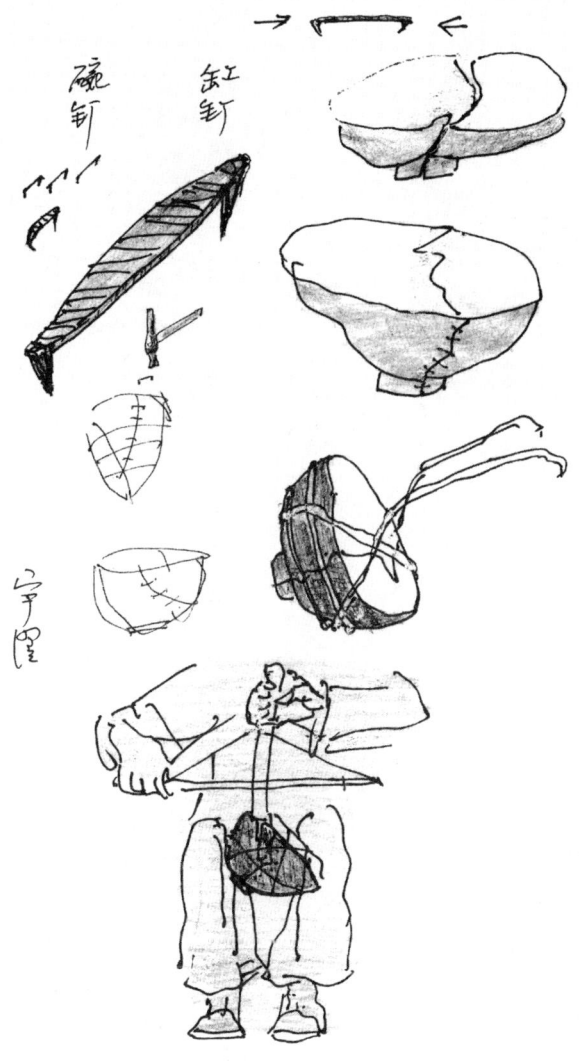

记忆·1977

意,一天隔一天值夜班,皮管子冲水门汀,拿把长凳,赤膊坐到单位门口,跟隔壁发廊老板娘讲讲谈谈。"K说。

弄堂背靠苏州河,低矮的红砖券门,弄旁的小便池,在燠热之夜有些模糊,对面工地高大的楼影近逼,"春明城市工业园区"就在隔壁。

"无所谓,我无所谓,不想拆。"K盘算:"隔壁有四十几国,一百多画家蹲在那里,饲料厂那边,画家也搬过来了,上礼拜有专家到弄堂里拍照。98弄出名了。"K摇着腿。"要拆,底楼我一统间,27平方,拿不出四十万,哪能会走。"

98弄,旧时代面粉厂职员的舒适住所,多少面目模糊的男女在此生活,已如河水东流,房子变矮,弄内一半以上已是外来人,每天出出进进,除了老邻居,其他的人,K都不认识。

"阿三还可以,还有人(给他)介绍朋友,有次带了一个外来妹,先到新造的啤酒厂夜花园里白相相,荡马路,一道吃冷面。现在大家谈外来妹,做小保姆也可以,伊这把岁数,无所谓了。"

"问我么? 还好,就是天气实在太热,我老早不去舞场了,夜里二两'尖庄','一滴香'也不错。隔壁嘛我是不进去的,不过我晓得画家,我晓得呀,艺术家里有一个姓丁的,专门画十字,阿三讲肯定是耶稣教,还有一个叫啥人顶有名,报纸上经常登……现在就看这条弄堂拆不拆了,不拆也是蛮好,我就去隔壁上厕所,老厕所只有两个蹲坑。"

夜晚,这个接近直角的苏州河湾,原先船声不断,船家行至98弄背后,落了油门,鸣号,大概是两短一长,嗡嗡——嗡……这是过去炎夏的回忆。如今船已经相当少了。

4

大雨滂沱的黄梅天,苏州河某黑暗的桥头,一男子裹了塑料布躺在地上,算是"乘风凉",看过去,如一具殡车上掉落的、夹头夹脑听任雨泼水浇的无主死尸。

以前夏天最要紧的是"乘风凉";上海人一天里可以重复十几二十遍这个关键词,讨论晚上如何"乘风凉",去哪里"乘"?它是夏季生活的重要部分,"乘"得不佳,意味睡得不好,"乘"就是睡,屋里太热,外面也太窄,每人须"抢"到一地方去"乘"——夏日黄昏,头等要紧早点掼掉饭碗,出去占一块地盘,摆稳自家椅子竹榻。

乘风凉,中间一个"风"字,上海味十足;官话"乘凉",慢半拍,上海人实际,要有风,无风,就无任何实际作用。"纳凉"二字,主人没三四进的大宅子,没三两株芭蕉桂树,总不合宜——上海的石库门天井狭窄发闷,没得一点风,哪来的凉。

历史上是有几处知名"风口",最高建筑国际饭店,上海大厦,中百一店附近,有穿堂大风——还应再加一处,老锦江背后长乐路口,艺术剧场一带,也属于有名风口,极其凉爽,楼高风大——雨天小朋友经过,几乎撑不住伞。

现今时髦的陕西路"百盛",以前一到夏夜,人行道铺满草席,居民小孩扑满爽身粉端坐竹椅(非折叠式躺椅时代),金银花露,木拖板,蒲扇,决明子茶,第二食品店卖冰镇酸梅汤,"立丰"("巴黎春天"位置)堂吃西瓜——西瓜按人头配售,店家一旦切开零卖,客人必须在店内吃完,不得外带,可惜没人拍得一部纪录片——满堂方桌子,陌生人聚首一起,闷头吃西瓜,店外大排长龙;桌边有人转来转去,专事收集瓜籽带回家,准备过年时炒了吃,场面热闹。

摄影家陆杰在本埠一座知名楼盘前,拍到最后的"乘风凉"照片。仿罗马、希腊楼盘正面,已经很尴尬,不知哪个厂家做的双翼飞狮、维纳斯、安棋儿、海神波塞冬等等,粗短肥壮,呆手呆脚,畸形,头大身体笨,白花花在门口一立就是几年,旁边是假罗马台阶上,属于附近老弄堂的上海阿爷阿娘、阿爹阿伯、爷叔婶婶、阿姨娘舅在此端坐着"乘风凉",躺椅、板凳,高低错落,喝茶吸烟看夜报;天还亮,打赤膊的身段与附近石头雕像混为一体,黄黄白白,各有各的显眼,也不容易分别,真切的肉身有活力,石臂石腿,死板臃肿,真人石人合了一处,天慢慢暗了,真人在动,石人石翅膀有时被牵动,仿佛活起来,特别醒目——难叙难述,难描难写,唯有照片可以传神有趣。

摄影家拍照，膝下的孩子一直不断的提问：爸爸，啥叫乘风凉？

这话问得好，现在很多的上海小孩，已不知此言为何物。

春

1

今明后天都是小雨。贴梗海棠探出酱色的芽,柳树也有了绿意,看到它们,想那天早上在水乡西塘,三个男人在小面馆里用面。吴先生严先生点的是鳝背面,我点了雪菜冬笋肉丝面。旧长条凳,白木桌,旁边是河岸,桥塊,还有船。小雨初歇,行人很少。我朋友畀愚作陪,他是本镇人,就要离开故乡,高兴也有点愁苦。这次他也说了这种心情。我们走出面馆,闻到河水的湿气和柴薪味,岸边的垂柳绽出细芽,配了灰色的砖墙黑瓦,最是悦目。

四季里,春是最好的,它的变化是点滴之中的羞涩,如纸面上慢慢清楚的画意,由简至繁,一笔添上浅浅的半笔,很节制,很懂简单和缓慢的道理,只要阳光与风还是阴冷,它就逐渐延缓脚步,我们能感到它的笔锋,而它躲在四周,藏于青黄色的河水里流着,就会在不远的前方停留并且化开一般,但不知春来是几时,如何去等,也即所谓"好饭不怕晚",大家静看春至,等它,如坐等高厨制菜,等是最有滋味的体验,盛宴就将开始,春气依稀,算来已经近了。

　　我们走过几种桥,河畔有廊棚和灯笼,糕饼铺,到处摆放荷叶粉蒸肉,这是本镇特产,碰见一人推着装满干荷叶的小车,经过煤球店,杂货铺,一些糕饼模子挂在棕色杉木板壁上,刻工很细很古,应该是曾祖母辈的用具。附近河湾旁的一栋旧楼正在修复。水上人家,紧闭的格子窗,无人看守的煤球炉哔哔地冒着烟,河中没有行船,桥洞是湿漉的。一镇上女子骑车穿过金山石板的河岸,听到小铺里放出的流行歌,林忆莲的声音。后来我们在岸边的空场停下,这里置了数张铁木小桌,塑料凳和长凳。一老妇招呼我们吃面,我们说吃过了,看到另一摊位上有茶壶,有熏青豆,就想去那里吃茶。老妇见状就说,这里也有茶,一元一杯,来来。于是就坐下来,四个人如打牌一样各占一方,茶用的是一次性软塑料杯,有一盘熏青豆。给她四个一元硬币,老妇是接过银洋的满意。近旁有斜到河里的大桑树,一些石料和碎砖。看着浮有稻草的河面,对面有人下石阶洗衣。很静的上午九时半,满天流动灰云,滞落在深色瓦脊上——想到不远的上海,吞吐上班人流的车与轮渡的喧哗,完全是另一番风景了,一样的天色和潮湿,却只把静遗落于此。大家讲了本镇许多佳话,以后再来,会记得河岸的这个位置,但不知那时,还有没有这样安静的一张茶桌。畀愚一直不声不响,此时开腔说,如果长时间看这风景,一直坐在岸边,也会厌倦,尤其是下雨时候,几天里下个不停,青瓦变得越发黑亮,空气里都是梁木的霉味,他只能看电视,如果是拳王超霸赛,才会完全忘记雨。

小镇的生活,在平静的河的两岸发生焦虑,我记得他写的一个下岗离婚女人的小说,并没提到拳赛和雨,如同儿歌所唱,这个中年女子"找呀找呀找男朋友",找饭碗,找舞伴,找到了一个木材经理,差点让矮小结实的这位男子拖上床。一直迷惘,结尾时她走过一个卖文胸的地摊,想到女儿大了,该为她买一个文胸,她站在摊前,犹豫多少号的尺码,摊主忽然抬头说:还用想?你戴八十号尽够了……她定神发觉——摆文胸摊的男人,原来是早已下岗的前夫。

四个人撤茶离开岸边时候,淅沥下起了小雨。

2

隔着院门槛,早上八点钟的镇河,波光粼粼,桥石一个摇晃,再次晃荡,有一艘船开过来,欸乃抑扬,船舷紧随水波,平滑交错,粗中带细,划开一道瘦长花纹,逐渐弥合,这条船终于没有停住。

本来以为船篙插到门前石埠旁边,有一名船夫伸出头来对准大院的门喊:舒老太!舒老太太!或更大声音:阿太!阿太！开船叻！

　　船夫如果是上下一身民初短打，或拖了前朝油亮长辫子，也就是说，地点设在本宅的又一部言情戏已开拍，长度30集、50集电视剧或电影，港台武侠、古装剧。每个剧组来到著名的舒家大院拍戏，站在舒老太的水磨青砖地盘上仔细商谈。察看厢房，考虑机位各个角度，早上八点，傍晚五点的光线如何，盘算哪天启动，开镜酒，买炮仗，挑个吉利的日子赶工。其中必定有十几场船戏，央请两名本镇船夫，考究一点是更仔细等待一个时间，等天气——等大院落雪的日子，等院子里腊梅花开，石榴花开；下淅沥小雨，高檐滴雨，为情调最浓之时，枇杷已经发黄，雨打芭蕉，最是凭栏时，芭蕉一人高，二三张叶子最佳，再高或叶子再广，必为急风摧损，不够雅意；道具师傅准备两把旧时桐油布伞，三把西湖手绘伞——太阳出来以后，扮演大小姐、三姨太太的角色就当院里换上西式镂花阳伞，听留声机，散步，吃瓜子；由于水乡戏，1933年云飞汽车，北方马车，骡车，苏北独轮车都不必出现，可省一笔钱，本镇过去凡事坐船，最方便最无奈的就是船，河对岸那位年轻男子正在船上坐，仆人在船窗前摆了笔墨砚台，水红菱，一碟素鸭，小螃鲏鱼，装黄酒的锡壶，嘉庆年青花小盅，天竺筷；小姐于此地的院门目送，红蜻蜓飞舞，独立桥上眺望，袅袅婷婷。

　　——昨晚她走到陈家弄深邃的石板路，弄墙上数个壁龛的油烛火在深夜诡秘闪耀，要等的人儿没见，只碰见一皂色长衫的账房，一个步步金莲、大襟缎褂妆扮的内眷丫鬟。

现在的早上八点钟，大院的门口始终开着，但里面没有声音，没有老太的身影，没有满地的电线，没有剧组，没有电视剧的角色。于是小心跨脚踏上青砖地，看一排黛黑年迈的老厢房，四周条石镶边，高低错落，扫得一个干净，有大花坛，一大株腊梅，一株石榴，中间挂红灯笼。再走进去。也为青砖地，条石镶边，发散上几辈气味，左右厢房，黛色老迈门楣，早年遗存砖刻雕花，柱石细节，窗玻璃包容过去的年代，照映现在安静的八点钟的光景，摇晃几个参观者模糊的面孔。

早上八点钟，大院之主，这位舒家老太并没有出现，她住哪里？有人问。供她起坐和接待访问的大厢房门扉紧闭，大概住在这个厢房后面，估计是吧，还没起身？几个人凑近玻璃张看，早上八点的光线，模糊看见这一块区域的官帽椅，大桌小几，墙上的画，对子，挂历，在此拍戏的一些剧照文字简介，一盆花，热水瓶，茶杯……

去买菜了，有人说。

——她一早讨了桥，上船去办事，船已经走了。

院门一直开着，早上八点也会有人进来；橹声逐渐远了；几个人想到这院子曾经的热闹——现在是安静的。没有人，门就这样开着。

插图与回忆
答《城市中国》袁菁问

您画的 1970 年代的开瓶器扳手，集中了当年沪上男工最幽默的力比多，这种手工当时真这样普遍？

很普遍，是个钳工就可以做，因为无聊，或是本性，当时上海到处是厂，到处工人，工人做"私活"，靠山吃山，非常自然，我画的不算特别，有更夸张的，各式各样，奇形怪状都可以做，可以有，亮晶晶挂在钥匙圈里，实用民间手工。现在到网上搜，一个都找不到了，我以为有人收藏。

最精致手制小玩意还有什么？

女人的各种漂亮发夹，1978 年我的工人同事会做这类小东西取悦女工。最简单最容易的是用不锈钢电焊条，做一套或几套粗细不一的毛线棒针。物质匮乏年代，等于古代原始社会，男人静心细气磨一枚骨针送给他喜欢的女人。

那年代常见的手工制作还有什么？

最大宗的应该是各式各样的"火油炉子"，每家几乎都有"上山下乡"的，农村生火做饭不容易，有它就方便多了。这炉子其实就是油灯概念，有一个调节灯芯长短的旋钮装置，其他部分就是用大大小小铁皮改造，能装煤油和灯芯就行，方的圆的饼干桶糖果盒都可以改。上海居民用这种炉子有100年历史，占地小，分量轻，随用随点，古董级的旧样品，就是进口搪瓷质地，荷兰货，粉红、蓝色、灰色搪瓷外表，结构复杂得多，分量也重。到我们那年代，就是自做了，或去"中央商场"淘各类古怪铁皮罐子也行。以前我见过几个都是用饼干桶改的，30年代西洋图案，或国货"泰康""沙利文"饼干字样。如果有人收藏，洋洋大观。

当时的手工制品，一定是和工厂，工人有关系？

应该完全有关系，比如做"放大机"，这词现在已彻底死亡了，当年是热门名词，放大照片的一种设备，暗房技术，显影定影，照片着色，现还有多少人懂？当时很普及，各式各样，标准的、恶型恶状的"放大机"都有，技术含量参差不一，核心是找到一对合适的凸透镜，豪华级是动用车床甚至刨床、电镀、烤漆，看个人各厂的设备条件如何。所谓商品最丰富的上海，当年其实很匮乏，形成人人动手的时代。延安时期领袖口号"自己动手，丰衣足食"，到1960—1980年份的上海同样生机盎然，洋房花园里种菜，养鸡养鸭子，装矿石机、"收听敌台"各种收音机，尔后就是"放大机"，自装脚踏车，再是自做"喇叭箱"，也就是音响，很常见。再后来阶段做电视机，这比较小众了，样子也妖，最初的显像管是圆的，人怎么看？总的来说，不管缺货的、禁止的、凭票的，还是可以买到的，世风是处在人人自做时代，所以这一辈子的上海男女，是聪明能干的一代，可怜的一代，等于原始社会心灵手巧，消耗体力精力，自满自虐的一代人。

那年头上海男人还会做什么？

也有像"大力水手"夸张型的，比如上海棚户区青年，盛行运来一堆煤屑，自家造"煤饼"，北方人叫"蜂窝煤"，完整的上海词就是"敲煤饼"。走近1970年代上海"下只角"，是叮叮当当画面，当街光膀子敲打一套铁制模具，私人劳动，排场声响印象深刻，产品是捧出一个个黑亮新鲜的煤饼，马路边，家门口，立了一位流汗上海青年，哪里有认定了的上海小白脸文弱相貌？到1980年代中期，"敲煤饼"手工活动已经式微，不知为什么，这词演变成了"嫖妓"的代名词，"敲"即嫖，"煤饼"指妓，属于上海底层最俗恶的流行语，表明单调体力劳动的某种转移。去年王家卫导演建议台北的张大春，香港是哪位先生忘记了，还有我，三人写三城市十个已经不用的俗语，我举了这词。短暂流行数年，忽然间这词就死了，没人再称妓女"煤饼"或更早上海流行的"赖三",也许是因为广式词汇来了,坐台或小姐、妈咪、洗头、敲背……我还记得这叮叮当当"生活"同期,也流行造一种单柄铁锅——北方管它叫"大勺",当年的上海工人,业余做它出售,地址也是在上海"下只脚"当街,家门口,摆一个铁锅状的凹圆铁砧,一铁锤,一副厚手套,单人单干,反复敲打一片圆铁,白天晚上,反反复复敲打不休,一直敲到它四面有弧度,越来越薄,越来越均匀,敲成一口熟铁锅为止。

据说当时人结婚都自己做家具?

1974—1985部分上海男人,确实自做整套结婚家具,做沙发,会点手艺就自己做。当年《上海文学》美编韩先生办婚事,全套家具"三十六只脚"自己也这么来,况且木料限量供应,很难搞到——现想想可真是天方夜谭,做人做到了无法想象的大难题,现可以做电视真人秀,让大家来看,看这批男人怎么才能完成这桩大事情,怎么经受这种捉襟见肘的人生大尴尬、大考验、大折磨,邀几位90后00后"小鲜肉""小白领"试试看,哭或者不哭我不知道,而在当年,真的算自然的劳动,很幸福很忙碌的过程,普通平常,燕子衔泥那么来来去去,也就慢慢慢慢做成了,结婚了,入了洞房。这样的过程,等于我讲的"蜂窝煤"——更大规模的手工我漏了当时另一种大工程,也是沪东沪西的棚户区青年,借几件长方形铁器模子,运几堆煤渣和"电石糊"到家门口,当场制造建筑材料——"煤渣砖",一种灰色手制大砖,搅拌原料,放入砖模,像过去我在东北做的红砖:脱坯、晾干、装窑、烧成、出窑。上海"煤渣砖"省略了后几道工序,脱坯之后让它们自然晾干就成,然后就是纠集一伙青年人,在自家旧房子上搭造"违章建筑",附带引起邻里纠纷打架斗殴头破血流……这种热闹场面,上溯到1910、1920年代也差不多,其时苏北流民抵达沪西沪东野地,就建立贫民窟、"滚地龙",曾也是在这样的自发自主状态下自然形成,只是,当时的苏北先人采用更环保简陋的芦席竹木等自然材质而已……我现在讲了这些已想不清楚,这一类活动,究竟是属于正常人的手工爱好、生活情趣、DIY,还是生活所迫?西方人是好这一口,自家动手,周末修理乡下别墅老房子屋顶,种菜剪树,也许一样,也许完全不一样,或应该说,人处在艰难时世,再如何聪明能干,你这劳动就是一种退步,退回了貌似的平常,就像进入我们可以点赞的朴素风景里,其实是一种很原始的不堪——我不怀念不赞扬这种遥远的劳动精神。

这种平常,对现在年轻人来讲,真难以想象。

当时是常态,普通的工人、平常的年轻人里面,还有不少业余大厨,"业余"在那个时代很重要,是一种实惠的业余,比如朋友办喜事,请同事帮忙炒十几桌菜,稀松平常,也没什么厨师证件，自带家什——菜刀、砧板、铁锅，干干净净，认认真真，北方人讲的"红案""白案"那种井井有条的负责，或是"挣外快"。到第二天，安然回厂上中班上夜班——《舌尖上的中国》拍了上海菜，重点介绍了某个上海妇女做本帮菜怎么有特色，其实这样认真烧菜的普通男女，在上海毫不稀奇，能干的居民女子很常见，更多是织毛衣，"阿尔巴尼亚花样""铰链棒花样"，拆下劳动白纱手套，钩制种种花样桌布床罩，利用一切时间，埋头去做。异端女人是自做牛仔裤、喇叭裤等等"奇装异服"……那个时代，上海基层女子哪里懂得穿旗袍摆 PS，没这经历或根本就不懂还有什么所谓的传统。我跟一伙男女迁到黑龙江某前劳改农场，那边刑满留场人员不少，其中有个"老流氓"，旧中国时期在上海老北站"撑市面"，绰号"红绿灯"，另一个"北京流氓"混名"一跤震朝阳"，先后都在我面前议论，上海的女青年怎么这样难看，统一绿色大棉裤大棉袄，大笑大哭，还挑水还打毛衣，身材水桶一样还大饼脸，那是因为时代，因为吃土豆吃棒子面吃的，因此那时期女子心灵手巧其实是一种窘迫。我一直记得有个夸张例子，是 1980 年了，市面已好很多，是上海还没出现洗衣机的时期，见识了一个奇女子，后来去了北欧，不知是在哪本外国画报里头一回看到了洗衣机，就请人在自家水池旁砌一小圆池子，内贴瓷砖，水龙头接过来，留进出水口，她是学机械的，池子底部装一小马达，上置一塑料滚盘，她就用这个手造的机器洗衣服,连续用了两三年,真不敢想象。

说到农场,您画了钉马掌、补碗补缸、打油、做粉条、做豆腐的图画,这究竟是喜欢,还是说明了种种当年的工作?

是我的工作,画图是爱好。我们那边经常盖房子、制砖、装窑、出窑、掏井、砌火炕、砌墙盖瓦等等,是我做过的事,已说不清是喜欢还是不喜欢,只能说我熟悉。另外比如怎么做白酒,怎么鞣制牛皮,造镰刀怎么打铁,怎么夹钢,怎么肢解一头牛,怎么做一把吉他,是我的旁观。这些过程很入画,细节特别,但我也担心,一旦画多了读者会烦——有时想想,读者完全可以厌倦,但这一堆乱事,除了旁观的,很多工作先后都是安在我一人头上,一件件一年年这么轮着做过来,居然可以接受和忍受,这么一件一件做,我是一种可怜——感觉当年的我很陌生,属于早期文明里的人了,孤岛鲁滨逊那种。

您对当年的印象太深,说上海是"上海",东北农场就是"我们那边"。

那边是上海的反面,城市反面,沿用一套苏联模式的农场,不是真正的中国农村,有苏联方式的卫生所、大礼堂、小卖部、磨坊、酒坊、油坊、奶牛房、鸡舍、蜂房、果园、菜园、机配厂、发电厂,自给自足"土豆加牛肉"的设计,据说现已经夷为平地了。当年很多事我做过或还没有做,是看别人做,阉割公马惨烈,打鱼则非常自在,沉在科勒河里的柳条鱼篓直径达两米,可以爬进去三个人,像水里一辆坦克。另比如"硝皮"房,上海没见过,这行业据说摩洛哥最有名,我那边是粗制,整张牛皮扒下来,一般先扔到房顶上去,黑白花的,棕色的,黑的黄的,屋里臭气熏天,基本是做简单皮制品,一挂马车所有配件,牛马笼头、鞍子、挽绳、大小鞭子,都用生牛皮做的,同时粗做狗皮褥子、狐狸皮大衣、皮领子、皮帽、老羊皮大衣,干部穿的好羊皮袄,叫"麦穗子毛"。皮帽子和皮大衣脏了怎么弄?不是放在水里洗,喷白酒用小米面去揉。当年的女青年,上海、北京、哈尔滨十六七岁女青年,说不准就是"劁猪"好手——肉猪在幼年都要阉割,不论公母,姑娘家抓起猪崽子,夹肢窝里一夹,手起刀落,一个接一个这样做,而现在我们给小猫去势,是送宠物店里花几百块做手术。

怎么想起画1960年代上海人的"领带扎拖把"?

偶然想到少年时的事,随手记在《外国文艺》目录页上,这次出书,撕下来凑趣。在"破四旧"前的1960年代上半期,其实上海人已在自觉自愿"破"了,"资产阶级"、洋派旧职员,清理出自家领带都用来扎拖把,又勤劳又节约。当时的新中国,领带确实是没什么用,统一中山装、人民装,城市男人,尤其上海男人就要"变废为宝",风景就是这样。我家曾住的租界路段,也有新一番的滋味,旧名是"亚尔培路",过去都由白俄开店,牛奶店、美发店、花店——尤其花店是西式的概念,在1960年代中国城市基本没有,而短短这一路段却开有两家,大玻璃橱窗摆满盆花,郁金香、月季、荷包花。1960年到1962年供应困难,影院放映《罗马假日》,这个街区仍然游荡西洋气味,其实也加入符合新时代的"卢湾区第某某粮店","徐汇区第某某粮店"——这里两区交界,秋天梧桐树影下,居民们按各家人口的供应量,买回一堆堆植物块茎,就是山芋,北方人叫红薯。这样的马路风景,完全是杂糅的。

1978年"知青大返城"前您病退回沪,就开始当工人?

在上海里弄加工组做工,隔壁是钻石手表厂(第四手表厂),发觉学手艺很难,其实在东北盖房子就发现了,小说里也这样写——徒弟问师傅,等到了四十岁,他能不能做出师傅那种好"生活"?就是好手艺。师傅不响,意思就是不表态,让徒弟自己悟。学手艺需要悟性,一开始你什么样,一上手,基本就定型了,"干净"的一辈子"干净",出手邋遢、毛躁,一辈子这习惯改不掉,比如泥瓦工砌一堵墙,砖缝整齐划一,漂亮,没龌龊相,这是天生的禀赋。钳工也是,手势,精度,步骤你都得干净利落,工具再多是没用的,钳工的工具非常之多,开初我总想什么工具都有,各种锉刀、锤子,林林总总一大堆,其实只是工具,做的东西不干不净,很难改掉,我不属于那种一上来悟性就特好的。

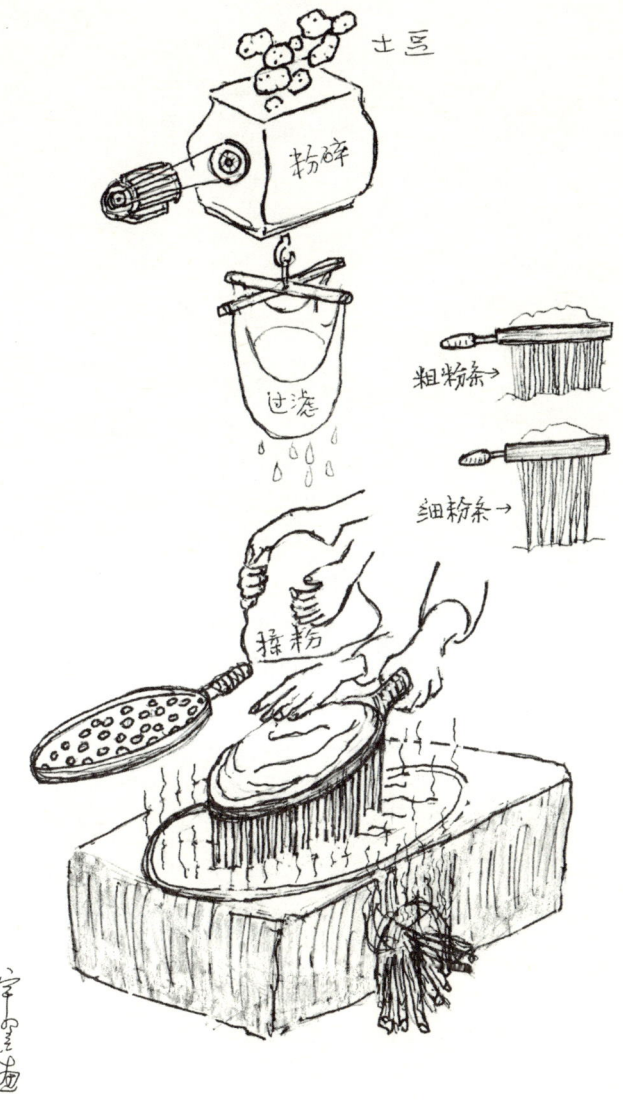

记忆·1975

但读您的文字，对金属加工非常在行，细节步骤怎么记得这样细？

文字和动手效果，其实是两回事。我很早就发现，任何领域任何环境，都有高手。我又得说"我那个地方"，那地方的刑满遗留人员，都是男的，男犯通常都聪明能干，比如中秋前召开劳改大会，领导问大家，谁会做月饼？底下就有三两个男人起立说，报告政府，过去我在广州，或在上海专做月饼，开饼店。谁会做香肠？报告，我会做。过年做腊肉，做豆腐，做任何什么行当，底下犯人都有答应，都有行家里手潜伏，五花八门，什么都会做。我喜欢看，喜欢去"红炉"玩，看留场师傅和城市小青年怎么打铁，大锤怎么紧跟小锤子，农场小机修厂有两位上海八级钳工师傅，在没有数码技术加工的年代，都靠心想手做，靠普通机器和锉刀慢慢弄，当年八级钳工，等于二级教授的高位，车钳刨磨铣样样精通，其中一位原是上海闸北铁工厂厂主，据说是瞒税判了重刑，这一行过去都拜过"外国铜匠"，无锡人居多，他也是无锡人，什么都会，服刑期间，据说是把劳改大队长的一支十发手枪改成了二十五响，得到"犯人试枪"的最高待遇。

那时候您自己喜欢做什么？

说不上喜欢还是不喜欢，去年写过一篇文章，写在大冬天捡到一只死啄木鸟,把它在马厩里做成了标本,选一段白桦树枝,把标本固定起来,嘴一直啄住了树皮,很生动。但是到了夏天,它全身的羽毛都脱落下来了,因为根本不懂防腐措施……去年上海自然博物馆新开馆,让我写文字,就想起了这只鸟的过程,博物馆才叫标本,我当时的喜欢,是不懂技术。现在想想,我对怎么做沙发应该有兴趣,1983年设计一种沙发,外国画报刚刚有"组合沙发"照片,上海没有,按房间尺寸,双人加拐角加一个单人这种组合,没扶手,当时上海人没见过。还有是拆解西式软椅翻新,1980年这种旧东西不值钱,面子破旧,骨架精良,这事在十年前也做过一次,过程有趣。最近为《洗牌年代》画图,画了程序图,如此这般的细节步骤,又像做了一回。

对生活的热爱,念兹在兹,无论创造还是仿效,这习惯几乎繁衍了几代人?

说仿效,有好多好多代了吧,我们"山寨"了多少代?真不知道了。就说家具,清末已经仿效西洋家具样子,骨子里是中国的,现还在仿比如安妮风格靠椅,这椅子的样子总有点僵,哪一根线条或说气质,总是中西混血,比如说有了进口西洋钟,就有"南京钟",直到数年前的上海地摊,突然也摆出不少西洋怀表,都可以这样来仿的,黄铜表壳,白瓷表盘,罗马字都是新仿做旧,包括我熟悉的前钟表厂八级师傅,现想想靠的就是"念兹在兹"的仿。发达社会"以机械产生机械的方式"的仿效就难了,过去"上海牌""红旗牌"轿车,师傅可以一锤一锤依样画葫芦敲出来,批量生产就困难,尤其在材料,设计,加工机床,就是工作母机,先得发明。当年国营手表厂进口瑞士专用机床,国营厂也不懂得什么开发投入,设计、材料、观念落后,等到改革开放自由市场,瑞士表可以随便买,计划经济年代凭票的国产表,谁还会要?我眼看国产手表一点点滞销,最后工厂拆光。记得厂里还想转型,开发新产品——研制很热门的国产洗衣机定时器,齿轮结构,最后做不过日本货。八级钳工,单靠双手去做定时器塑料外壳的注塑模具,它那种缝隙间距,外观配合度,没先进的加工手段,怎么比得过日本货?注塑形成的外观,就是看配合缝隙严丝合缝,日本这类模具都不是手做的,不靠抽屉里几百把锉刀弄的,人家洗衣机厂怎么会要这样的货?不会要。因此手工精神,只在瑞士高级手表,或者西装、皮鞋等等高级定制业可继续,其他就难了。

您曾经说过,那时代养成的动手习惯是自娱自乐,是"好的"?

是好的,动脑有时太累,希望动手,这和我的农民、工人经历有关,有时特别希望有一幢房子给我修一修。你们杂志是"同济"办的,我对建筑,对盖房子有兴趣,"文革"时弄到一本1930年代中央大学建筑系的破书,很入迷,包括"造洋房"教程,后来我每天砌东北的清水砖墙,每天完成两千块砖的量,手指磨得不能捏热馒头,但有成就感,如今工人师傅做,我都要看,去外国也注意人家各种老墙,这里很有讲究,砖块排列各种长短交错,长长短短,北方墙有"大五花""小五花"等等复杂定规,上海的西洋花样更多,邬达克设计"慕尔堂"墙壁,凹凹凸凸,应该是中国师傅按洋图纸来砌的,很神往这过程。前几年北方有朋友买了别墅,我在电话里说,想为他盘一个火炕或砌一道火墙。北方特色取暖方式,我都会做,毛石垒墙也是做熟了的,不同形状石块拼成墙面,过程就是玩"七巧板"大石头游戏,现只能想想了。去年瑟伊出版社安娜联系译书的事,她周末离开巴黎,平时下班不接电话,不看电子邮件,郊区没电话、没电视,说是修自家房子,或是坐着发呆,这是人家国度的自娱自乐方式。

劳动是放空的状态?

首先是"会",得先有"会劳动"的经验,一般我们当代人,还是把劳动看成"劳改"。

是否可以说,是物质资料匮乏形成了DIY精神?

精神就不好说了,是因为匮乏,"DIY"可以加引号,跟所谓的DIY肯定不一样。当时不少人自己动手,更多人其实是在寻寻觅觅,到处兜,热衷逛旧货店,出口转内销店,当时上海的特色瓷器店有两家,南京东路国华商店,淮海路长春食品店旁的一家,难得会碰见出口转内销的咖啡杯和餐盘,都是因为匮乏。静安寺红都电影院(百乐门)旁旧货店,外国旧表或旧地毯,处理沙发、靠枕……在其他国营店是看不到的。革命年代国际饭店隔壁的上海工艺美术品服务部,也常有特别的物品出现,西式台布、地毯,出口转内销花纹不对的处理品,3平方米的厚地毯200元,当时工资40块钱,也算贵了。匮乏的时代"DIY"与否,人心都充满了物欲,是上海人的常情。上海人的习惯就是这样,从来不喜欢两袖清风、家徒四壁的生活,可能也与城市本身强烈的生活倾向有关,一直没被毁灭,任何年代的人,都带有本土的继承特征。

您写一个沪西师傅,当年真在垃圾箱里捡到吴湖帆的字画,是真事儿吗?

真事,师傅立刻拿走了,他怎么会交公?

《锁琳琅》里的阿强,是《繁花》的小毛吗?

他是前期的小毛吧,这一代的他们都做工,按笔画说,"工人"两字最简明,其实有他们的复杂性,他们都是因为自己的纱厂"压锭",倒闭,转换好多岗位,然后做保安、做门房,泥沙俱下的时代,但不妨碍他们被同等层面的女人们重视。

将小毛或阿强从工人阶级的抽象概念里剥出来，傻大黑粗"工人"形象改为更具体的"人"的表达，是怎样生活在大自鸣钟这地方的？

有次王家卫导演问起"上海消失的街区"，也是想了解"大自鸣钟"这类地块吧，我画了一个图加以说明。

所谓"具体的人的表达"，应该是出自这种有个性的上海区域吧，自然形成的居民聚集地，以前上海有不少这种陈旧区，包括董家渡、曹家渡、杨家渡、老北站山西路、老西门等等，是各种工人、低级职员、"社会闲散人员"杂处之地，即使"文革"最轰轰烈烈时候，这些环境仍然保存了旧时代某些气场，更少程度触及所谓的灵魂，冲击或批判度要轻浅许多。比如小说里写"大妹妹"的娘，旧中国时代一度做过纱厂"拿摩温"，后改做其他，没人知道她的"反动经历"，"文革"开始，只要听到锣鼓响，革命年月到处敲锣打鼓，她就躲到床底下，经常吓得屎尿一身，但直到运动结束，这案底都没暴露。小毛和父母都是工人，或许知道她的问题，但处在这样的居住环境，不是楼上楼下都是工人家庭的工人新村，属于含有了特殊地域市民气的工人，因此就不发一言。楼上楼下的这种大城市的、三教九流的居住环境积淀，如不拆的话，按古董来讲，是有"包浆"的，所谓"三观"的五花八门，生存气质可一直联系到民初，除非它拆光，现果然全部拆光了，这些特征也就散去了。

与之相比，就是齐美尔说的话——在小城市里，人人都几乎认识所遇到的每一个人，而且跟每一个人都有积极关系。整齐划一的工人新村就是这种"小城市"，楼上楼下是互相知根知底的各厂工人，这类居住环境，其实是预设的不自然的建筑群，整体安排，就等于森林保护者发现树木生虫，制了一批木盒子鸟窝挂到林子里，引入的鸟种也都经过选择，你希望某一种除虫鸟迁入，就做怎样的鸟窝，是不自然的生态。因此，工人新村一度就是各工厂"积极工人"入住的所在。大妹妹的娘如果住在此地，早就"暴露于光天化日之下"了。

可否调用您的经验，谈谈你熟悉的工人类型吗？

只能凭印象讲了，我熟悉的里弄工厂，有几个大厂来的工人师傅。一个是热血的，回忆1949年，他说"解放了我们就去游行庆祝啊"的那种，为人温和，从不谈所谓"阶级矛盾"等等名堂。另两个也完全是个人主义的师傅，没强烈的政治观念，属于"逍遥派"那种老工人。我小说里有这些师傅的影子。80年代初一个师傅告诉我，解放前他很有钱，时髦，可以去大世界玩舞女。比如小毛的爸爸，曾是英商电车公司工人，过去到处玩，结婚了才改好了。小毛妈妈信教，对他讲：你刚生出来就是有罪的，你要好好赎罪。那时英商电车公司只招男工，售票员"揩油"票款，不给乘客票根。这就看怎么理解了，可以说他们"揩油"，是揩外国资本家的油，是革命的。他们同时又认为，这样的外国公司有保障，等于今天外资企业，家里老婆生小孩、补牙齿、生病所花的费用全报销，待遇很高，据说，老外资本家回国前还故意给他们加一回工资。解放后工资调级，学徒一月 18 元，八级老工人的工资高，200 元，300 元都有。

比如小毛妈妈，原型里有我北方务农朋友母亲的影子，原是沪西日本纱厂女工。80 年代我到他家玩，她说旧社会她的收入很高，细纱车间"接纱头"必须年纪轻，眼明手快。她每个月发了工资，就到"大自鸣钟"金店买一个金戒指。她说："小金猜猜看，我当时买了多少金戒指？"我说"猜不出来"。"有一绢头包啊。"绢头就是手帕。

在您的小说里，写解放后上海总工会向中央汇报，宏大叙事夹带很多"八卦"。正巧在看一篇《新国家与旧工人：1952 年上海私营工厂的民主改革运动》，里面提到聂云台的上海恒丰纱厂有不少湖南人，1929 年同是湖南籍的刘少奇，通过这种帮口观念去接触工人。

一般都说上海是年轻小渔村，我眼里它是历史堆叠的老城，任何话题都很老旧很复杂，比如说工人，从来就不是铁板一块那么简单。我写了工人拳师，他懂政治，"文革"开始吩咐徒弟不乱说乱动。拳师看得多了，回忆他师傅的工人传统，上世纪 20、30 年代，上海有多少工人参加青帮，帮会最早操作各种工潮，发动罢工，那时代的工人都有帮，五花八门，各种类型同乡会。记得列宁说"工人阶级无祖国"，我的理解是，工人只凭收入、待遇、技术吃饭，尤其欧洲工人，到哪也是干，没有祖国观念。列宁是欧洲背景，中世纪欧洲民间有名的话是——"'祖国'来了，快跑吧。"因为欧洲历史频繁地分分合合，老百姓恐惧。工人的类别，一直非常复杂，以往我们写作不提这一块，即使到了"文革"，工人之间常也互相揭发，比如某工人和过去资本家厂主"相互勾结"现象——其实不少产业工人和资方就是亲戚，不是勾结是同乡的关系，私交当然不错。意思是光依靠我们以为的阶级分析，仍然是分不明白想不清楚，高级技术工人与外国老板之间不完全是简单的剥削被剥削关系。旧时代工人工会，跟杜月笙来往、跟国民党黄色工会来往，跟资本家老板的关系，跟共产党的关系，错综复杂。上世纪国共合作，共产党被允许入国民党，然后到工人群落搞"工运"，借助帮会和同乡会头子运作呼吁，旧上海总工会主席朱学范拜帮会的"老头子"，在老西门关帝庙内烧香磕头，变成"杜门十二将"……

最近法国哲学家斯蒂格勒谈道：工人和无产阶级其实差别是比较大，包括不少工人的技术、想法、人脉网络都不一样。

"工人阶级"只是大归类，实际还可以分三六九等，一直到十八等，有底层的，苦的——曾经的沪剧《星星之火》对上一代人影响非常大，日本资方杀包身工的事，现在深圳富士康的跳楼自杀又怎样？群体复杂，自主能力强，有革命自觉，有惰性，盲从性，犬牙交错，非技术工人的地位一直最低，里面有多少层的分别？也更容易误导。过去码头工人没技术，因此希望由帮会控制和保护，里外有流氓。在上海，地缘派别里的广东人、宁波人技术工人多，苏北籍工人一般凭劳力吃饭，很多是农民，比如黄包车工人，1930年代的共产党都没办法发动和教育他们，他们只想来上海拉两年车，就回家种地去了，他们最苦受压迫最深，层层盘剥，挣点钱就走。但他们的成分是农民还是工人？马克思说农民阶级是不革命的，而且是保守的，甚至是反动的，这究竟怎么弄。

我过去住的曹杨新村，邻居有不少是非技术工人，文化程度低，所谓立场就是看报看的，每天早上可以捧一本《毛选》坐在大门口看。技术工人聪明，有文化，有个人立场，少部分愿意搞运动，罢工。大部分像小毛的师傅，凭技术吃饭。另外就刚才讲的，当时上海不少的工人和农民阶级更接近，和欧洲不一样。几年前外滩美术馆"农民达芬奇"那样的，农民也像工人。

今天来看，当年最后的工人都到退休年纪，换句话说，上海承载的工人空间和特点都已经渐渐消失了？

是第三产业发达的原因？我不知道。工人在上海的位置讲，究竟处于怎样的状态才正常？我记得1980年代，在沪西

记忆·1972

文化宫碰到一个日本研究生，她来上海写论文，题目是《30年代日资纱厂在沪西的分析》，沪西苏州河非常有工厂历史韵味，南岸是工厂、高级职员宿舍，北岸是以前的贫民窟、工人居住地盘。那时她常去老工人家采访，对沪西工人工厂如数家珍，她有一幅30年代日文版的《沪西苏州河流域中资日资纱厂分布图》，我很吃惊，觉得日本人的研究精神那么认真。

工人地位曾经一度提到非常高的程度，包括工会作用，因为上海是工人最多的几个历史时代吧，民国时代、计划经济时代，中国大部分商品都由上海工人生产，凭票购买，多么高大上。其实1949年后，工厂包括工人，失去的是自由竞争背景，工厂、工人和产品进入了计划，三者在客观上都是封闭状态，等我1970年代进厂，三者的地位已走下坡路，他们的竞争者，包括农民阶级，就是新兴的农村企业，社办厂跟你竞争，等于现在的老外滩旧金融一条街，真正的核心却移到对面陆家嘴了，两岸怎么较劲？老外滩更多是有象征性意味罢了。"工人地位"是具体说法，肯定是默默无闻了，只能代表了一种旧风景，代表旧时代的那些手表厂、纺织厂、香料厂……上海拆掉那么多的旧厂，这种旧象征就落幕了。十多年前我参观鼎鼎大名的"海鸥"照相机厂，进去一看，大厂房是空的，只存了一角，20平方米小工作室。朋友说这是一个老职工承包的，专做老牌"海鸥"镀金方镜照相机，几万平方米的厂，都做房地产了，只剩一小间。

年终的话
答《人物》顾玥问

除了下乡的八年,您都在上海居住。《繁花》讲述的是上个世纪上海,上海是否是您小说创作的唯一中心?

以前写过一些下乡主题的中短篇。这部小说为唯一的中心?我一直觉得,上海并不是一个独立地域概念——从开埠到现在,它一直在聚拢各地最有活力的人群——某种意义上讲,它一直是生态混杂的,集中了多地域的特点。您说"讲述上个世纪的上海",我也不这样认为,书中的1990年代,跟当下的情况并没有多大区别。

北方方言区的作家用方言写作,读者都比较容易接受,而南方作家的方言作品就相对很少或传播度不广,您认为这是语言本身理解难易的问题还是普通话统治的结果?

普通话的影响太深入,在统一普通话教育前,南方作家的母语个性都有极丰富呈现,转入"北京话为基础"的普通话统一教育了几代人,约束了南方语系的"活文字",约束南方作者(尤其吴方言)第一语言的文学思维。方言的"难解易懂"还在于文化重心转移——我们读吴语小说《海上花列传》,当时方言怎么说,作者就怎么写,"我手写我口"的自由语言时期,那时代的作者和读者,有高度自由和自信。就文学要求来讲,几代人统一接受单一话语教育,我们辨别方言的听力、阅读力和鉴赏力,肯定是减低了的。时代背景不同,因此文学语言"难解易懂"方面,我们要做沟通和改良,比较艰难。

《繁花》的读者群涵盖甚广,您认为这部小说对非上海成长的年轻人的来说,最大的吸引力在哪里?

刚才说的,上海一直是中国城市的象征,各地城市生态的集中体现,城市生活的标准。

《繁花》秉承"说书人"这一派的经典叙事传统,您也一直从中汲取养分。而现在的年轻作家大多受西方叙事话语体系影响较大,如此该如何找到自己的独特腔调?

想到巴黎书展,当时觉得像走进了法国水果店——所有"水果"都可以是法国产的,他们什么都有,似乎什么都不缺——反观我们的展览,满眼进口"水果",是否我们进口得太多了?百年来都这样,我们真需要那么多进口吗?至少对于文学语言，进口"翻译腔"深度影响了中文生态，您说现象明显，我是从80、90后大部分作者来稿中看到，基本就是翻译语态，包括前几年一外国译家说，现翻译中国文学可以不查字典——因此，关注传统中文，表现中文魅力在当下很要紧，作家们是否要反思，要某种回旋——西方理论也这么认为的，"假如一旦无力，要到传统中寻找力量。"外来文字腔形成的无力感，应可以借鉴传统元素，找到本土支撑。

您曾说过《繁花》的每一次印刷都会仔细修改，改的是哪些方面？依据是什么？

是做方言与普通话的微调，使它更顺达，非沪语读者可以少一些障碍，既然提出这种叙事语言，就要做它到更好，14次印刷，每一次都发现一些瑕疵，我的责任编辑没见过这么麻烦的作者，包括其中做的少量繁体字样——但凡人物所提旧书、旧诗词，都排繁体字，很容易疏漏，我用这种形式来纪念文字历史，纪念繁体字的内涵和结体的美丽——添加中文阅读的趣味，这也是小说允许的一种姿态，不违反出版法。当然在台湾版《繁花》里，我这种用心就完全白费了。

是否可以这样理解，《繁花》里"一万个好故事冲向终点"的世界是您所接触到的现实世界的浓缩？

现实就这样，中国式的世界，人多，大圆台子吃饭，人人就这样热热闹闹讲故事，你一言我一句，然后就散了，生活不就这样嘛。《繁花》的德、法翻译者都认为人物太多了，内容、句子非常非常难译，法文里一千多个"不响"怎么译……但这一类意见，只让我感到自豪，觉得自己做对了，表明这本书只是写给华文读者的，对我是很高级的表扬。

您笔下的上海市井生活现在存有多少？这种市井生态逐渐动摇的过程是怎样的？

市井一直跟旧建筑、旧街道密切结合，一旦拆除，也就风景不再，我们大大小小的城市，都经过艰难的腾挪和剥离，比如上海，直到新一个世纪，当局才似乎清醒一些，旧东西旧建筑有如此大的凝聚力，可是拆已经拆了，比如外滩江沿，过去栈桥密集、船樯林立、十六铺、董家渡复杂的民生风景线，尤其那些普通楼房的旧细节，在台湾就是宝贝了，但是都消失了，最后都被简单直线条的新堤岸、乏味绿化大道抹平了，像进入了无依无靠无名的一种境地，水清无鱼，设计者仍可以自豪，因为什么？有来头有"价值"的大房子还在，但那些陈旧普通的存在呢？维系市井的普通风景线呢？那些旧轮渡站呢？香港天星小轮那样小心翼翼保存的旧站点、旧风物，它们代表了真正意义的文化情怀的呵护（王家卫导演并不这样认为，他仍然不满意），比如上海外滩1970年代的情人墙呢？1950年代不设堤岸的栏杆和座椅呢，哪怕深到如今的水线以下，它们都应在沿江保存一段,如果情感战胜虚荣的话,它们会在退潮时分显露出来,让我们的后人都可以知道,这些城市曾经难忘的曲线和脉搏。

与1985年您刚开始写小说时相比,二十多年的小说编辑经历对您自身的写作有哪些影响?

积累了很多疑问,编辑角度看出去的世界,确实是很多好作家、好评论家们不清楚的,他们不在这位置上,只有第一线编辑明白,因为更多是看大量的普通来稿,较了解当下创作基本面,普遍存在的文学倾向,很清楚目前的概况——从一定意义上讲,这部小说是为我的普通作者写的,告诉他们写作有不同的办法。

挑多了别人小说的毛病,转变角色从俯视的评判者转为创造者,您是如何突破"不敢写"的忌惮的?

是话本样式的策动吧,挤在一起的讲话方式,少用西式标点的方式,包括网络初稿的环境影响,积累的大量疑问等等,写成这部书。其实我们过渡到西式阅读的所有习惯,只一百年的历史,曾经的中国文本,都是由读者自家圈点的,这个大变化在时间上真是难以想象的,引发我兴趣的就是——当下的小说形态和旧文本之间,是否还有表现的空间?

取悦读者和满足自我表达欲望的平衡点在哪里?

天才可以完全不顾忌读者。然而优秀作家一般都会说,只是给自己写,只注重自己感受,非常自信……都是处于高位的话,其实有可能只写了一本自己喜欢的日记,读者很少。所谓的取悦,应该是有立场的,每个作者内心都希望有更多读者,难道不是吗?问题是吸引怎样的读者?说白了,我是为普通作者写作,也为我最为敬重的某一些朋友写作,他们的要求是什么,我心里非常清楚,最后得到他们的肯定,这种写作预设和潜意识,激发了强烈欲望表达,贯穿始终。

说一个这2014年最让您欢喜的场景,尽量生动些。

九月我有了孙女——走进医院病房,忽然体验到一种特殊的,非常愉快的心情,去病房的经验从来是心情低落,甚至是逃避的,只在这一刻,理解到探望的并不是病人,不是去探病,是看望一种亮光,新生的光彩,周围的一切都变得不再灰暗……今年非常特别,我周围有两位年轻同事在也是在九月生了孩子,包括《东早》石剑峰也是,都是处女星座的宝宝,非常令人愉快的九月。

2014年买过的最满意的一样东西?

第一次配了眼镜。

如果您有一个机会,可以在2015年的第一天跟世界上任何一个人在任何一个地方共进晚餐,您会选谁?选择哪里?

选我的父亲,我希望同他重逢——我们可以在苏州"得月楼"午餐,他是苏州人,去年夏天过世,他的经历和表达都非常精彩。

2014吃到的最让您印象深刻的一道菜?

没遇到这样的菜,只是昨天上网,看到河海大学食堂的"甘蔗炒排骨"照片和议论,印象很深。

在您的专业领域里,谁现在突然站在您面前会让您从沙发上跳起来?为什么?

那得有一大串的名单了,其中让我惊讶的作家,应该是《红色骑兵军》的天才,伊萨克·巴别尔,他甚至关在狱中仍在修订小说,希望能够写完。1930年代他被苏联当局枪决,外界只到近年才知道他的死讯。

如果在2014年末,您有机会在全国人民面前做一次演讲,您会讲什么主题?

呼吁政府,花大力气下大决心改善我们的生态环境,包括全面实行西方发达国家(比如日本)的城市废品回收制度,包括目前城市垃圾处理、"干湿分离"等等,现在都是表面文章,

我的电脑·2015

都没有终端。

2014年，在国内外政治家中，您最喜欢谁？如果可以对他/她说一句话，您想说什么？

可以说过去的人物吗？我最钦佩的是路易十四的大臣让·巴蒂斯特·科尔贝，他几乎独立改革了法国经济，决心在自己这一任上，把法国建成一个商业、艺术、科学和文学领域都是世界上最伟大的国家——我想说的是，政治家要建立这样的雄心是非常非常之难的，他基本达到了目标。

2015年您希望未来身处一个怎样的世界？
自由和平的世界，没有战争。

2015如果给您一笔巨额善款，您最想捐赠给谁/哪个领域？
乡村小学教师。

如果在2015年，您有机会修改或增删本国的一条法律法规，您会怎么改？
取消独生子女政策。

跋

单调的年月,记忆会更丰富……

洗牌——为求更多更复杂的变化,替换原有的应对顺序。

变动位置,四季也在移行中,声息、光、倒影,切断的瞬间和停顿,一瞥惊鸿。

人与事都不必完整,可以零碎,背道而驰。

不必为一个结构写下去。

对固有的记忆提出的疑义。

凡不必说的,可以沉默。

这都是徘徊已久的想法。

虽然虚构和想象犹自弥漫,难以摆脱——但这种本能,有时真的很糟。

我喜欢这样的开头:

"从前有个人……""事情是这样的……"

我养一条鲷鱼有很多年了,浑身有紫色斑点,属于单独饲养的动物。

每次打开鱼缸灯,它就逐渐醒来,灯光驱除了它的睡意,令它重做自省和回忆。

有时,它表现出恐惧或愤怒,一如特定时期人们对于环境保持的那种警惕。

如果我给它照镜子,它浑身鳞片就现出深色斑纹,有时冲撞鱼缸。

原因很多,也许它是:

为往事不安。

发现变化太大。

拒绝自己如此的模样。

看见一条陌生的鱼。

它在深夜的书桌旁悠游。我点烟的火光一闪,它翻腾起来。

感谢老友,敬业真诚的朱耀华先生,设计师张志全先生。

作者谨白
2015-5-26

```
图书在版编目（CIP）数据

洗牌年代/金宇澄 著.——上海：
文汇出版社，2015.8
ISBN 978-7-5496-1494-3

Ⅰ.①洗… Ⅱ.①金… Ⅲ.①随笔-作品集-中国-当代
Ⅳ.①Ⅰ267.1

中国版本图书馆CIP数据核字（2015）第115060号
```

洗牌年代

著　　者　金宇澄
责任编辑　朱耀华
装帧设计　张志全

出版发行　**文汇**出版社
　　　　　上海市威海路755号
　　　　　（邮政编码 200041）

照　　排　南京理工出版信息技术有限公司
印刷装订　上海中华商务联合印刷有限公司
版　　次　2015年8月第1版
印　　次　2015年9月第2次印刷
开　　本　640×960　1/16
字　　数　120千（插图27幅）
印　　张　18.5　（插页9）
印　　数　10001-18000

ISBN 978-7-5496-1494-3
定　　价　38.00元